Rick Joyner

Ein festes Fundament in 50 Tagen

Zehn Minuten am Tag,
die Ihr Leben
verändern können

Schleife Verlag, CH-Winterthur

Titel der Originalausgabe:
Fifty Days for a Firm Foundation

Original Ausgabe: MorningStar Ministries and Publications,
P.O. Box 19409, Charlotte, NC 28219-9409 U.S.A.
Tel 704 522 8111 Fax 704 522 7212
www.morningstarministries.org

2. Auflage Juni 2001

CH– 8411 Winterthur, Switzerland
Tel +41 (0)52 2322424 Fax +41 (0)52 2336082
Email: publications@schleife.ch
www.schleife.ch
ISBN 3-907827-11-2

Vertriebspartner Deutschland, Österreich und Schweiz:
Projektion J Verlag, Asslar
ISBN 3-89490-379-1

Die Bibelstellen wurden in der Regel der Einheitsübersetzung entnommen; wo es aber dem Autor auf Schlüsselworte ankam, die in der Einheitsübersetzung nicht vorkommen, sind andere Übersetzungen gewählt worden; diese sind dann hinter der Angabe der Bibelstelle vermerkt.

Übersetzung: Tina Pompe
Lektorat: Michael Herwig
Umschlaggestaltung: Pia Maurer
Cover Typographie: Hanna Koller
Satz und Druck: Jordi AG, CH-3123 Belp

Inhaltsangabe

Seite

Einführung

Dieses Andachtsbuch für jeden Tag soll Ihnen helfen, das Fundament Ihres geistlichen Lebens innerhalb von fünfzig Tagen fest zu verankern und zu stärken.

Dieses geistliche Fundament schliesst unsere persönliche Beziehung zu Gott ein, unsere Beziehung zu seinem Volk, unsere Beziehung zur Welt; und es ist die Grundlage für ein tiefes und gründliches Verständnis der Heiligen Schrift. Man könnte es auch so zusammenfassen: Liebe den Herrn, liebe deinen Nächsten und wachse in der Erkenntnis seiner Wege.

Der beste Ort, um ein solches Unterfangen zu beginnen, ist der Anfang. Daher habe ich diese Reihe mit dem 1. Buch Mose begonnen. Das 1. Buch Mose ist von einem derartigen Tiefgang in seiner Offenbarung des Herrn und seiner Wege, dass ein ganzes Leben nicht ausreichen würde, um es erschöpfend zu studieren und zu durchforschen. Bereits die ersten beiden Kapitel scheinen endlos Stoff zu bieten, um eine Schicht des Verständnisses nach der anderen ans Licht zu holen. Hier wird das Evangelium vorweggenommen, bis hin zu seiner herrlichen Vollendung im kommenden Reich Gottes, wenn Jesus zurückkehrt, um auf der Erde zu herrschen und sie wiederherzustellen. Auf dieser aussergewöhnlichen Grundlage ist die übrige Schrift aufgebaut, welche die wunderbaren und unerforschlichen Wege unseres Gottes offenbart.

Unser erstes Ziel ist es, den Herrn und seine Wege kennen zu lernen. Wenn wir ihn erst kennen, werden wir ihn auch lieben. Je mehr wir ihn kennen lernen, desto mehr werden wir von dem herrlichen Wissen eingenommen werden, wer er ist. Wir können gar nicht anders, als seine Schöpfung ebenfalls zu lieben, da seine Schöpfung seine Natur widerspiegelt. Unsere Liebe zum krönenden Abschluss seiner Schöpfung, zu den Menschen, wird ebenfalls zunehmen. Auch wenn die Herrlichkeit des Menschen noch durch Sünde und Rebellion befleckt ist, hat Gott den Menschen doch nach seinem Bild geschaffen, und wir können ihn in jedem Menschen finden, wenn wir nur wissen, wo wir suchen müssen. Dann werden wir beginnen, die Menschen mit einer tieferen und wirksameren Liebe zu lieben. Es gibt eine Liebe, die die Gefallenen an den Ort ihrer hohen Berufung in seinem Plan für ihr Leben zurückruft.

Ich muss auch noch betonen, dass ich nach einem tieferen und übertragenen Verständnis der Schöpfung gestrebt habe und dieses auch weitergeben möchte. Dies übergeht aber nicht die Tatsache, dass die Schöpfungsgeschichte, wie sie in 1. Mose dargestellt wird, sowohl ein getreuer wie auch ein den Tatsachen entsprechender Bericht davon ist, wie der Herr das Universum geschaffen hat. Sowohl das Gesetz als auch die Propheten verwenden häufig Gleichnisse und übertragene Bedeutungen für tatsächliche Begebenheiten, und ich bin bestrebt, mich in dem Rahmen zu bewegen, den die Schrift selbst setzt. Alle Bilder und Gleichnisse in 1. Mose werden auch an anderer Stelle in der Schrift gebraucht, und ihre Bedeutung ist klar festgelegt.

Dennoch sollen wir darauf bedacht sein, die Bilder der Schrift nicht zu missbrauchen, um irgendeine Lehrmeinung damit zu begründen, sondern wir sollten sie als mächtige Werkzeuge gebrauchen, die gesunde Lehre zu beleuchten und zu bestätigen, die bereits klar und eindeutig in der Schrift dargelegt ist. In diesem Sinne hat auch König David verstanden, dass der Weihrauch, der vor dem Herrn in der Stiftshütte dargebracht wurde, ein Sinnbild für Gebet ist (Psalm 141,2). In gleicher Weise erkannte der Apostel Paulus, dass die Mütter von Ismael und Isaak als Bild für die beiden Bundesschlüsse stehen (Galater 4,24). Wir sollten uns an dieser Stelle fragen: Wenn bereits diese beiden Frauen aus 1. Mose als Bild für etwas derart Tiefgehendes stehen wie die beiden Bundesschlüsse, für wie viel mehr steht dann erst die ganze übrige Geschichte?

Es liegt aber immer eine gewisse Gefahr darin, die Schrift danach zu durchforschen, ihre bildhafte und übertragene Bedeutung zu erfassen. Eine der grössten Fallen bei der Auslegung der Schrift ist die Methode der «freien Assoziation». Sie gewährt nämlich die Freiheit, in der Schrift gerade das zu lesen, was wir gerne darin lesen möchten, und das ist immer eine Quelle des Irrtums. Die Schrift soll uns ja nicht das sagen, was wir hören möchten, sondern das, was der Herr geplant hat. Die Schrift spricht oft in Bildern, aber um diese Bilder richtig verstehen zu können, müssen wir zunächst zu einer tiefen Hingabe an die wörtliche Bedeutung finden; dann erst können wir uns durch die Schrift selbst auf etwaige übertragene Bedeutungen hinweisen lassen.

Dazu ein Beispiel: Wie David in Psalm 141 andeutet, der Weihrauch stehe als Bild für Gebet, können wir feststellen, dass bereits Mose dies so verstanden hat. Deshalb gab er Aaron – als nach der Empörung Korahs eine Plage unter dem Volk wütete – die Anweisung, mit dem Weihrauch mitten in das Lager Israels zu laufen, um dem Töten Einhalt zu gebieten (vgl. 4. Mose 16). Das ist eine Botschaft an alle Generationen, dass Gebet die Plagen aufhalten kann, die den Menschen töten.

Die Erkenntnis und die Einsicht, die wir erwerben, dienen nicht allein dazu, dass wir uns an einem tieferen Glauben im Blick auf Gottes Plan für unser Leben erfreuen können, sondern auch dazu, dass wir in seinem grossartigen Plan effektiver gebraucht werden können. Je mehr Licht wir in unserem Leben empfangen, desto mehr sollten wir dieses Licht zu denen bringen, die in der Finsternis geknechtet sind.

In 1. Korinther 2,10 heisst es: **«Denn uns hat es Gott enthüllt durch den Geist. Der Geist ergründet nämlich alles, auch die Tiefen Gottes.»** Wenn wir den Heiligen Geist empfangen haben, dann werden wir immer eine Sehnsucht in unserem Herzen haben, die Tiefen der Wege Gottes zu erforschen, unsere Wurzeln tiefer in seine Wahrheit zu treiben und uns ihm zu nahen. Wenn wir uns ihm immer mehr nahen und in ihm bleiben, dann werden wir auch mehr Frucht bringen.

Erkenntnis ohne Werke bringt immer Arroganz hervor, die seinem Wesen entgegensteht. Erkenntnis in Verbindung mit dem wahren Werk des Geistes bringt immer Demut hervor. Da wir immer nur stückweise Erkenntnis haben, werden wir immer nach mehr von ihm suchen. Das ist auch mein Gebet für Sie, wenn Sie durch dieses Andachtsbuch gehen, dass es in Ihnen einen unstillbaren Durst nach mehr von Gott und nach einer tieferen Erkenntnis seiner Wege weckt.

Bitte entschuldigen Sie die mehrfach zitierten Schriftstellen und wiederholten Erkenntnisse, die bisweilen gebraucht werden. Diese Wiederholungen sind beabsichtigt, damit sie sich leichter einprägen. Bisweilen erleichtern sie auch die Verbindung mit den vorhergehenden Gedanken.

Wenn es eine grundlegende Botschaft gibt, die ich mit diesem Andachtsbuch vermitteln möchte, dann ist es diese: *Gerade so, wie die Tage der Schöpfung voller Zielsetzung und Offenbarung Gottes waren, so sollte es jeder einzelne Tag unseres Lebens auch sein.* In 2. Mose 16,4 lesen wir:

> **Da sprach der Herr zu Mose: Ich will euch Brot vom Himmel regnen lassen. Das Volk soll hinausgehen, um seinen täglichen Bedarf zu sammeln. Ich will es prüfen, ob es nach meiner Weisung lebt oder nicht.**

Dies ist auch heute noch eine Prüfung für alle, die Gott nachfolgen wollen. Sind wir bereit, jeden Tag neues «Brot vom Himmel» zu sammeln? Alle, die Gott wahrhaft suchen, werden derart abhängig von ihm sein, dass es ihr erster Gedanke am Morgen ist, ihn zu suchen, um eine neue Offenbarung für den Tag zu erhalten. So wie der Herr es auch selbst in Matthäus 4,4 sagte: **«In der Schrift heisst es: Der Mensch lebt nicht nur von Brot, sondern von jedem Wort, das aus Gottes Mund kommt.»** Bitte halten Sie dabei fest, dass es sich hier nicht um ein Wort handelt, das aus dem Munde Gottes *kam,* sondern das *kommt.* Hier ist also die Rede von einem aktuellen, neuen Wort, das täglich frisch von ihm ausgeht. Wir können kein echtes geistliches Leben führen, wenn uns dies fehlt.

1. Tag
Der Anfang

Im Anfang schuf Gott Himmel und Erde. (1. Mose 1,1)

Wenn wir den Anfang verstehen, fangen wir an zu verstehen. Der erste Vers der Bibel enthält die vielleicht wichtigsten vier Worte, die jemals geschrieben wurden – ***im Anfang schuf Gott.*** Das Verständnis dieses einen Verses ist die Grundlage, auf der alle Wahrheit beruht. Ehe wir die Endzeit oder den Sinn unseres eigenen Lebens begreifen können, müssen wir zunächst den Anfang verstehen. Das ist das Fundament, auf dem alles andere aufbaut.

Im Anfang schuf Gott… diese vier Worte sind es wert, ein ganzes Leben lang betrachtet zu werden; und sie sind die Grundlage für eine Ewigkeit voller Anbetung. Wir leben und sind allein durch Gott. Daher verdanken wir ihm auch alles. Er allein ist würdig, alle unsere Anbetung und Hingabe zu empfangen.

Selbst jetzt, am Ende der Zeitalter, drehen sich die erregtesten philosophischen Diskussionen immer noch um unseren Ursprung. Das ist verständlich, da mit der richtigen Antwort auf diese eine Frage die Antworten auf alle übrigen Fragen möglich werden. Wenn wir sie aber falsch beantworten, dann öffnet das die Tür für beinahe jede Art der Finsternis und Täuschung.

So wie die Festigkeit des Fundaments die Grösse des Gebäudes bestimmt, das darauf gebaut werden kann, so kann die Tiefendimension, mit der wir diese eine Wahrheit bezüglich unseres Ursprungs verstehen, die geistliche Kraft unseres ganzen Lebens bestimmen. Wenn wir verstehen, dass unser Anfang in Gott liegt und dass er uns für seine Pläne geschaffen hat, dann müssen wir einfach zu ihm zurückkehren. Die Wahrheit über unseren Ursprung ist gleichzeitig der Ursprung aller Wahrheit. Da er uns geschaffen hat, sind wir sein. Daher müssen wir uns von seinen Plänen und Absichten leiten lassen.

Wenn Gott uns geschaffen hat, dann können wir nicht länger behaupten, das Zentrum des Universums zu sein. Er ist das Zentrum – Jesus ist das Alpha und das Omega, der Anfang und das Ende. Er ist der *Ich bin der ich bin.* Er ist die Summe aller Dinge. So wie jeder Kompass immer auf den magnetischen Nordpol weist, wird letztlich alles auf ihn hinweisen, den Magnetpol der Wahrheit. Wenn wir diesen Pol der Wahrheit in unseren Herzen haben, dann haben wir eine solide Grundlage für alle unsere Entscheidungen: Was ist sein Wille? Alle Dinge kamen von ihm, und alles wird zu ihm zurückkehren. Dies ist unsere Bestimmung und das Ziel unseres Lebens: zu dem Einen zurückzukehren, der uns geschaffen hat, und ihm in allen Dingen zu dienen.

Mit eingeschlossen ist hierbei die Bedeutung jeden einzelnen Anfangs. Die Art, wie wir unseren Tag beginnen, wird wahrscheinlich die Qualität des ganzen Tages festlegen. Die Art, wie wir eine Ehe beginnen, wird viel mit der Qualität dieser Ehe zu tun haben. Die Art, wie wir unsere Arbeit, unseren Dienst oder jedes andere Unterfangen beginnen, wird das jeweilige Fundament bestimmen. Die Art, wie ein Vorhaben begonnen wird, ist häufig der wichtigste Faktor, welcher die Qualität des Endproduktes bestimmt. Projekte, die aus einem spontanen Impuls geboren sind, werden auch genau so schnell und mühelos wieder fallen gelassen. Bei jedem wichtigen Projekt, das zu Ende geführt werden soll, muss das Fundament mit grosser Sorgfalt gelegt werden.

Das Fundament ist der einzige Teil eines Gebäudes, der jeden Tag gebraucht wird. Wenn es zusammenbricht, wird auch der übrige Teil des Gebäudes einstürzen. Wie der Apostel Paulus in 1. Korinther 3,11 schreibt: **«Denn einen anderen Grund kann niemand legen als den, der gelegt ist: Jesus Christus.»** Jesus zu kennen und in ihm zu bleiben, ist die Grundlage unseres geistlichen Lebens. Wir können viele Dinge auf dieser Grundlage aufbauen, und wir können viele wunderbare Wahrheiten über seine Wege und Ziele lernen. Wir können auch grossartige Dinge für ihn tun, aber es ist dennoch grundlegend und lebensnotwendig, dass wir jeden Tag zu ihm kommen und alles mit ihm tun, statt lediglich für ihn, wenn wir wahrhaft geistliche Frucht bringen wollen. Paulus schrieb auch in Epheser 1,9–10:

Er hat uns das Geheimnis seines Willens kundgetan, wie er es gnädig im Voraus bestimmt hat:
Er hat beschlossen, die Fülle der Zeiten heraufzuführen, in Christus alles zu vereinen, alles, was im Himmel und auf Erden ist.

Das Endziel Gottes ist es, alles in seinem Sohn zu vereinen. Wenn wir diesen Plan Gottes nicht als den Zielpunkt unseres Lebens im Auge behalten und wenn nicht alles, was wir tun, in ihm begründet ist, werden wir immer von den untergeordneten Plänen Gottes abgelenkt werden. Viele werden vom Strom des Lebens durch die kleinen Zuflüsse abgelenkt, die in ihn hineinfliessen. Wenn Sie in der Mitte des Stroms bleiben wollen, dann halten Sie Ihre Augen in allen Dingen auf Jesus Christus gerichtet. Es kann kein anderes Fundament gelegt werden, das von Dauer ist.

2. Tag
Der Plan

Die Erde aber war wüst und wirr, Finsternis lag über der Urflut. (1. Mose 1,2)

Das hebräische Wort, das hier mit «wüst» übersetzt wird, heisst *tohuw* und bedeutet «Einöde, Wüste». In der King-James-Version der englischen Bibel wird dieses Wort auch mit «Verwirrung, Leere, Nichts» wiedergegeben. Was hierbei wichtig ist, ist die Tatsache, dass der Heilige Geist aus dem trostlosesten Ort eine herrliche Schöpfung machen kann. In gleicher Weise kann er auch aus dem trostlosesten, verwirrten und leeren Leben eine herrliche neue Schöpfung machen.

Der erste Schritt jeder Reise ist der wichtigste; aber wenn wir an unser Ziel gelangen wollen, müssen wir erst einmal wissen, wo wir uns befinden. Der Herr scheint besonderen Gefallen daran zu haben, mit etwas Formlosem, Wüstem und Leerem zu beginnen. Man könnte auch sagen, er fängt gerne mit einer sauberen Tafel an. Eine der wunderbarsten Wahrheiten des christlichen Glaubens ist, dass wir von neuem geboren werden, wenn wir zu ihm kommen, und dass dann alles neu wird. Es ist ein Teil des Evangeliums, der guten Nachricht, dass wir in Jesus Christus noch einmal von vorne anfangen können. Wir beginnen nicht nur einige Dinge neu, sondern alles! Sobald die Kraft seines Kreuzes anfängt, in unserem Leben zu wirken, sind wir erlöst; und die Kraft der Erlösung fliesst durch uns hindurch, um alles in unserem Leben zu erlösen.

Einige Übersetzer haben «wüst und wirr» in 1. Mose 1,2 mit «Chaos» wiedergegeben. Auch darin liegt eine wichtige Bedeutung: Wenn der Heilige Geist die Erde nahm, die sich doch in solchem Chaos befand, und daraus eine Schöpfung von solcher Schönheit und Harmonie hervorbrachte, dann kann er das Gleiche mit jedem Leben tun, das ihm übergeben wird. Es ist gleichgültig, in welchem chaotischen Zustand sich unser Leben befindet, er wird nicht nur alles wieder zurecht bringen, sondern er wird es herrlich machen.

Wenn wir den Heiligen Geist dabei beobachten, wie er Ordnung schafft und dem Leben einen neuen Anfang ermöglicht, können wir viel über den Herrn und seine Wege lernen. Aber auch wenn wir noch einmal von vorne anfangen können, dann lassen Sie uns nicht fälschlicherweise glauben, dass wir jetzt die Weisheit und das Wissen hätten, es richtig zu machen. Wenn wir von neuem geboren werden, dann erkennen wir unsere vollständige Abhängigkeit von unserem Schöpfer. Und nur so können wir die Fallen auf dem Weg vor uns vermeiden, damit wir nicht wieder denselben Fehlern anheim fallen. Der Apostel Paulus hat gesagt:

Seht doch auf eure Berufung, Brüder! Da sind nicht viele Weise im irdischen Sinn, nicht viele Mächtige, nicht viele Vornehme, sondern das Törichte in der Welt hat Gott erwählt, um die Weisen zuschanden zu machen; und das Schwache in der Welt hat Gott erwählt, um das Starke zuschanden zu machen.

Und das Niedrige in der Welt und das Verachtete hat Gott erwählt: das, was nichts ist, um das, was etwas ist, zu vernichten, damit kein Mensch sich rühmen kann vor Gott. (1. Korinther 1,26–29)

Jede neue Bewegung Gottes in der Kirchengeschichte hat mit Menschen begonnen, die eigentlich nicht genau wussten, was sie taten oder wohin sie gingen. Wie Abraham mussten sie das Land verlassen, das für den Moment noch Form und Gestalt hatte, um Gott an einem Ort zu suchen, der noch formlos und nicht klar zu erkennen war. So wie Paulus im Natürlichen zunächst mit Blindheit geschlagen werden musste, ehe er im Geistlichen sehen konnte, müssen wir auch zuerst unsere eigene Sehkraft ablegen, ehe wir auf ihn blicken. Der Herr möchte uns aber nicht in diesem Zustand belassen, sondern er fängt an, uns seine Baupläne zu zeigen. Erst dann kann er uns die Pläne für die Wohnungen übergeben, die wir nach seinem Willen der herrlichen Stadt hinzufügen sollen, die er erbaut.

Am Anfang unserer Reise müssen wir erkennen, dass wir nicht nur einen zufälligen Weg eingeschlagen haben, sondern dass er ein Teil seines Planes für uns ist. Zunächst scheint alles wüst und leer zu sein, wenn wir aber der Bewegung seines Geistes folgen, dann wird eine wunderschöne Schöpfung, unser neues Leben in ihm, immer klarer zum Vorschein kommen. Es ist sogar so, dass der Plan Gottes für unser Leben derart umfassend ist, dass er uns bereits vor Anbeginn der Welt kannte, und auch unsere Berufung steht bereits seit dieser Zeit fest. Die Grundlage unserer Bestimmung ist es, in das Bild Jesu Christi verwandelt zu werden, dass wir ihm ähnlich werden und die Werke tun, die er auch getan hat. Diese Berufung liegt auf dem Leben eines jeden Gläubigen. Gleichzeitig hat er jedem von uns noch eine ganz besondere Rolle gegeben, die wir in seinem Gesamtplan spielen. Es ist nun unsere Aufgabe, unseren Platz in seinem Plan zu finden.

Abraham mag nicht gewusst haben, wo er hinging, aber er wusste, was er suchte. Er verliess alles, um ein Teil dessen zu sein, was Gott erbaute. Dasselbe ist auch unsere Aufgabe; ein Teil dessen zu sein, was Gott tut.

3. Tag

Der Geist bewegt sich

Und Gottes Geist bewegte sich über den Wassern. (1. Mose 1,2; aus dem Englischen)

Der Heilige Geist ist bereits in Bewegung, als er das erste Mal in der Bibel erwähnt wird. Der Heilige Geist ist der Bevollmächtigte Gottes, der das Werk vollbringt. Er ist beständig in Bewegung und am Werk und bringt somit die Pläne Gottes zur Geburt. Es ist absolut lebenswichtig für jeden Christen, den Heiligen Geist zu kennen und zu lernen, ihm in allen Dingen zu folgen. Wenn wir dies tun, dann werden auch wir in Bewegung bleiben müssen. Es liegt in der Natur des Lebens als Christ, in Bewegung und auf dem Weg zu einem Ziel zu sein.

Das Leben als Christ bleibt niemals stehen, sondern es fliesst wie ein Strom. Wir haben eine Bestimmung und ein Werk, das wir mit dem Heiligen Geist vollbringen. Am Anfang **«bewegte sich»** der Geist Gottes, und der Geist bewegt sich auch weiterhin. Das ist der Grund, weshalb der Strom des Lebens auch ein Fluss ist, und kein Teich oder See. Ein Strom fliesst immer auf ein Ziel zu.

Flüsse fangen immer mit einem einzelnen Tropfen Wasser an, dann wird ein kleiner Bach daraus. Als Nächstes vereinigt sich der Bach mit anderen Bächen aus dem Umland, und der Fluss nimmt immer weiter zu, bis er schliesslich sein Ziel erreicht. Der Herr hat den gleichen Plan für jedes einzelne Leben. Wir sind zu einer Reise berufen, die beständig an Leben und Kraft zunimmt. Wenn wir auf dem rechten Weg bleiben, dann wird die Stelle aus den Sprüchen 4,18 auf uns zutreffen: **«Doch der Pfad der Gerechten ist wie das Licht am Morgen; es wird immer heller bis zum vollen Tag.»**

Wir alle fangen als einzelne Tropfen an, eine einzelne Seele im Gewimmel von Milliarden von Menschen auf der Erde. Dann trifft das Folgende zu: **«Wenn wir aber im Licht leben, wie er im Licht ist, haben wir Gemeinschaft miteinander...»** (1. Joh. 1,7) Wir gehen unseren Weg nicht allein. Es gibt nirgendwo auf der Welt eine solche Gemeinschaft wie die in der Gemeinde Jesu Christi. Wir sind berufen, unseren Weg zusammen mit anderen Seelen zu gehen. Wenn wir auf der richtigen Spur bleiben, werden wir uns mit vielen anderen zusammenfinden, die dasselbe Ziel haben. Unsere kleinen Bäche treffen dann mit anderen zusammen, wobei sie immer weiter zu einem mächtigen Strom anwachsen. Die Gemeinde ist ein wunderbares Geschenk. Jede einzelne Seele darin ist ein kostbarer Schatz, den es zu entdecken gilt.

Als der Geist sich bewegte, kam Leben hervor. Die formlose Leere wurde zu einer Symphonie von solcher Harmonie und Schönheit, dass wir die gesamte Ewigkeit damit zubringen werden, die Wunder seiner Wege zu bestaunen. Der Heilige Geist liebt es auch heute noch, die trostlosesten Leben zu ergreifen und sie in eine herrliche Symphonie des Lebens zu verwandeln. Gleichzeitig ist das, was er baut, von Dauer. Unser Gott macht seine Pläne von der Ewigkeit her, wie bereits König Salomo erkannt hat: **«Jetzt erkannte ich: Alles, was Gott tut, geschieht in Ewigkeit. Man kann nichts hinzufügen und nichts abschneiden, und Gott hat gewirkt, dass die Menschen ihn fürchten.»** (Pred. 3,14) In dem Masse, in dem wir uns im Einklang mit seinen Plänen befinden, werden wir auch für die Dinge gebraucht werden, die in Ewigkeit Bestand haben. Das bedeutet, Frucht zu haben, «die bleibt».

Die Gemeinde ist die «neue Schöpfung» Gottes. Wenn wir uns den Ursprung der Gemeinde ansehen, dann erkennen wir darin einen zweiten Anfang, der keine geringeren Auswirkungen hat, als sie der erste Anfang hatte. Als der geistliche Zustand der Erde wüst und leer war, bewegte sich der Geist erneut, und die Gemeinde wurde geboren. Alles Leben kommt vom Geist Gottes, und wir werden nur dort wahres Leben haben, wo wir es lernen, uns mit ihm zu bewegen. Wenn wir sein Werk betrachten, lernen wir, uns niemals durch den gegenwärtigen Zustand der Dinge entmutigen zu lassen. Je trostloser sie sind, desto herrlicher wird sein Werk erstrahlen.

Wenn unser geistliches Leben nicht von Tag zu Tag besser wird, nicht an Leben und Kraft zunimmt, dann haben wir irgendwo die richtige Abzweigung verpasst. Wenn dies auf Sie zutrifft, dann folgen Sie nicht einfach weiter der Strasse, auf der Sie sich gerade befinden, sondern kehren Sie zurück zu Ihrer ersten Liebe, zu Ihrer persönlichen Beziehung zu Jesus Christus. Dort werden Sie das lebendige Wasser finden, das allein Ihre Seele sättigen und Sie zu Ihrer Bestimmung führen kann. Lassen Sie es nicht zu, dass kleinliche Meinungsverschiedenheiten mit anderen Menschen Sie von denen trennen, deren Bestimmung mit der Ihren verbunden ist. So verlassen viele den rechten Weg. Bleiben Sie im Strom.

Das Leben als Christ ist ein Leben der Bewegung. Dabei handelt es sich aber nicht um ziellose oder beliebige Bewegung, sondern um zielgerichtete. Das Ziel ist immer noch, das, was vorher wüst und leer war, in eine herrliche neue Schöpfung zu verwandeln. Wenn wir es zulassen, dass sich der Heilige Geist in uns und durch uns bewegt, dann werden auch wir beständig auf der Suche nach denen sein, deren Leben wüst und leer ist. Wir werden dann zu einer Brücke für sie, damit sie in die herrlichen, schöpferischen Absichten und Ziele Gottes hineinkommen können.

Sobald wir anfangen, mit seinen Augen zu sehen, werden wir keine Person oder Situation mehr als wertlos betrachten, gleichgültig wie leer und nutzlos sie jetzt aussehen mag. Wenn wir mit seinen Augen sehen, werden wir das Potential in Menschen und Situationen erkennen, die uns zuvor hoffnungslos erschienen. Er sagt in Jeremia 15,19: **«Wenn du umkehrst, so will ich dich wieder vor mein Angesicht treten lassen; und so du das Edle von Unedlem scheidest, sollst du sein wie mein Mund.»** (Schlachter)

4. Tag
Das Licht

Gott sprach: Es werde Licht. Und es wurde Licht. (1. Mose 1,3)

Ohne Licht können wir nichts sehen. Das Licht macht alles offenbar. Sobald sich der Geist bewegte, war seine erste grosse Aufgabe, das Licht hervorzubringen. Das Licht steht für die Wahrheit, und sobald der Herr anfängt, sich in unserem Leben zu bewegen, ist es seine erste Aufgabe, mit dem Licht seiner Wahrheit in unser Leben zu leuchten.

Es ist hier besonders interessant festzuhalten, dass das Licht vor der Sonne, dem Mond und den Sternen geschaffen wurde und dass dies erst am vierten «Tag» der Schöpfung erfolgte. Das Licht wurde vor den Gefässen geschaffen, die es aufnehmen sollten. Jesus ist das Licht der Welt, und er war bereits eins mit dem Vater, ehe die Welt geschaffen wurde. Wir können dies in der grossartigen Darstellung Jesu sehen, die Johannes an den Anfang seines Evangeliums gestellt hat:

Im Anfang war das Wort, und das Wort war bei Gott, und das Wort war Gott. Im Anfang war es bei Gott. Alles ist durch das Wort geworden, und ohne das Wort wurde nichts, was geworden ist. In ihm war das Leben, und das Leben war das Licht der Menschen.

Das wahre Licht, das jeden Menschen erleuchtet, kam in die Welt. Er war in der Welt, und die Welt ist durch ihn geworden, aber die Welt erkannte ihn nicht. Er kam in sein Eigentum, aber die Seinen nahmen ihn nicht auf. Allen aber, die ihn aufnahmen, gab er Macht, Kinder Gottes zu werden, allen, die an seinen Namen glauben. (Johannes 1,1–4;9–12)

Von Anfang an war Jesus der Plan Gottes gewesen. Er ist der Sohn, der das Herz des Vaters froh macht. Der Vater sucht überall in der ganzen Schöpfung nach dem Ebenbild seines Sohnes, und in allem, was geschaffen ist, können wir etwas über den Sohn erfahren, so wie Paulus in Kolosser 1,16–17 schreibt:

Denn in ihm wurde alles erschaffen im Himmel und auf Erden, das Sichtbare und das Unsichtbare, Throne und Herrschaften, Mächte und Gewalten, alles ist durch ihn und auf ihn hin geschaffen. Er ist vor aller Schöpfung, in ihm hat alles Bestand.

«In ihm hat alles Bestand.» – Diese Aussage der Bibel zeigt uns, dass er die zusammenhaltende Kraft in der gesamten Schöpfung ist. Das Licht wurde geschaffen, noch ehe es Sonne, Mond oder Sterne gab. Das steht als ewiges Zeugnis, dass er in allen Dingen den ersten Platz erhalten muss. Jeder junge Christ muss zuallererst von der Offenbarung durchtränkt sein, wer Jesus ist, ehe er seine Aufmerksamkeit den anderen Glaubenssätzen oder ihrem angemessenen Ort in der Gemeinde zuwenden darf. Das Licht, Jesus, muss in allem die erste Stelle einnehmen. Er ist der Erste und der Letzte. Jesus ist das Licht Gottes, und in ihm wird alles zusammengefasst. Wir müssen in erster Linie ihn selbst kennen lernen.

Wie wir oben bereits in 1. Johannes 1,7 gelesen haben, gilt: **«Wenn wir aber im Licht leben, wie er im Licht ist, haben wir Gemeinschaft miteinander.»** Diese Schriftstelle zeigt uns ganz eindeutig, dass wir, sobald wir uns aus der Gemeinschaft zurückziehen, uns auch von seinem Licht abwenden. Wenn wir die Gemeinschaft mit seinem Volk verlassen, werden wir auch die Gemeinschaft mit ihm verlassen. Christlicher Glaube ohne Gemeinschaft ist kein echter Glaube. Der Herr hat seine Gemeinde geschaffen, damit wir einander brauchen. Keiner wird alleine sein Ziel in Jesus erreichen.

Das Leben in der Gemeinde kann die herrlichste, aber auch die schwierigste Erfahrung sein, die wir in unserem Leben machen können. In Amos 3,3 heisst es: **«Können etwa zwei miteinander wandern, sie seien denn einig untereinander?»** (nach Luther) Das bedeutet nicht, dass wir in allen Dingen einer Meinung sein müssen, um zusammen gehen zu können; aber es heisst, dass wir in den Dingen zusammen gehen, in denen wir einig sind. Jeder Christ stimmt dem zu, dass Jesus Christus der Herr ist; daher können auch alle Christen in einem gewissen Mass miteinander vorangehen. Es muss wenigstens ein Mindestmass an Gemeinschaft zwischen allen geben, die an den Grundwahrheiten des Glaubens festhalten.

Wenn wir nun zusammen vorangehen, dann werden auch das gegenseitige Verständnis und die Übereinstimmung zunehmen. Um in Gemeinschaft zu leben, müssen wir zunächst eher auf die Punkte sehen, in denen wir übereinstimmen, als auf die Punkte, bei denen es noch Meinungsverschiedenheiten gibt. Das wird uns helfen, im Licht zu leben, weil wir dafür **«Gemeinschaft miteinander»** (1. Joh. 1,7) haben müssen. In gleicher Weise gilt auch, dass wir dort, wo wir die Gemeinschaft mit dem Volk Gottes verlassen, anfangen, in Finsternis zu leben. Wir können nicht an Jesus angeschlossen sein, ohne gleichzeitig seinem Leib, der Gemeinde angeschlossen zu sein.

5. Tag
Die Scheidung

Gott sah, dass das Licht gut war. Gott schied das Licht von der Finsternis, und Gott nannte das Licht Tag, und die Finsternis nannte er Nacht. (1. Mose 1,4–5)

Gestern haben wir uns die Gemeinschaft und Einheit angesehen, die wir mit dem Herrn und mit anderen Christen haben. Im gleichen Moment, in dem der Herr uns in die Beziehung zu sich und zu seinem Volk mit hineinnimmt, scheidet er uns auch von aller Finsternis in unserem Leben und von allen, die in der Finsternis wandeln. Das ist ein unvermeidbarer Prozess, wenn wir in Jesus Christus bleiben wollen.

Sobald wir Jesus als das Licht kennen gelernt haben, fängt Gott damit an, das Licht von der Finsternis in unserem Leben zu scheiden. Das kann eine schwierige Zeit sein, weil es leicht ist, sich derart von der Finsternis ablenken zu lassen, dass wir das Licht ganz aus den Augen verlieren. Es ist hier unbedingt wichtig, dass wir unsere Aufmerksamkeit auch dann immer auf den Herrn gerichtet halten, der unser Licht ist, wenn der Heilige Geist uns von Sünde überführt oder wenn er uns Personen und Situationen zeigt, die wir vermeiden müssen.

Die Finsternis steht für Sünde. Das Licht wird immer sofort die Sünde in unserem Leben sichtbar machen. Selbst Kleinigkeiten, über die wir noch nie zuvor nachgedacht haben, wie z.B. kleine Notlügen, werden plötzlich finster und hässlich. An diesem Punkt verspüren viele den starken Drang, einfach das Licht auszuschalten. Wenn wir langsam das groteske Wesen der Sünde verstehen, dann kann uns bisweilen die Offenbarung unserer eigenen Sünde unerträglich erscheinen. Dann müssen wir entweder das Licht abschalten und zu unserem alten Leben zurückkehren oder die Sünde entfernen. Es kann keinen Kompromiss geben. Wenn wir mit Jesus weitergehen wollen, dann müssen Licht und Finsternis geschieden werden. Unser Herr Jesus sagte selbst:

> **Doch ich sage euch die Wahrheit: Es ist gut für euch, dass ich fort gehe. Denn wenn ich nicht fort gehe, wird der Beistand nicht zu euch kommen; gehe ich aber, so werde ich ihn zu euch senden.**
>
> **Und wenn er kommt, wird er die Welt überführen (und aufdecken), was Sünde, Gerechtigkeit und Gericht ist. (Johannes 16,7–8)**

Wenn der Heilige Geist kommt, dann überführt er uns immer von Sünde, aber er zeigt uns ebenso das Gegenstück zu unserer Sünde, nämlich Gerechtigkeit. Anschliessend zeigt er uns die Folgen unserer Sünde, und das ist Gericht. Das ist hart, aber es ist unbedingt nötig, ehe die neue Schöpfung in unserem Leben aufblühen kann. Wenn wir mit der Erkenntnis konfrontiert werden, wie tief die Sünde in unserem Leben eingegraben ist, dann können wir gar nicht anders, als uns auf die Gnade Gottes am Kreuz zu werfen. Wir können nur am Kreuz Jesu wirklich Frieden finden, und das ist auch der Ort, an dem er unser Retter wird. Sein Kreuz wird zum Frieden und zur Freude unseres Lebens. Es ist harte Arbeit, wenn die Sünde in unserem Leben offenbart wird, aber am Kreuz finden wir Erlösung und Trost. Fliehen Sie immer zum Kreuz!

Es gibt vollständige Befreiung von der Finsternis in unserem Leben. Wenn wir die Dunkelheit sehen, dann strahlt das Licht nur um so heller. Wir müssen die Finsternis sehen, und wie verzweifelt böse und finster unsere Sünde ist. Aber das Ziel der Offenbarung unserer Sünde ist es, dass wir davon geschieden werden. Daher dürfen wir auch nicht unsere Aufmerksamkeit übermässig von der Finsternis in Beschlag nehmen lassen, sondern wir müssen uns umgehend dem Licht zuwenden. In 2. Korinther 3,18 wird uns gesagt:

> **Wir alle spiegeln mit enthülltem Angesicht die Herrlichkeit des Herrn wider und werden so in sein eigenes Bild verwandelt, von Herrlichkeit zu Herrlichkeit, durch den Geist des Herrn.**

Wir müssen unsere Sünde sehen, um Busse zu tun. Wir werden aber nicht dadurch verändert, dass wir unsere Sünde sehen, sondern dadurch, dass wir uns zum Herrn wenden und seine Herrlichkeit ansehen. Wo immer unsere Sünde ans Licht gebracht wird, müssen wir Busse tun und uns dann schnell dem Herrn und seiner Gerechtigkeit zuwenden. Es ist nicht unser Ziel, zu vollkommenen Menschen zu werden, sondern wir wollen in dem bleiben, der vollkommen ist. Unsere Gerechtigkeit wird nie in uns liegen, sondern sie wird immer in ihm sein. Es ist niemals das, was wir tun, sondern das, was er bereits getan hat, das uns verändert.

Wenn wir damit anfangen, uns auf die Finsternis in unserem Leben zu konzentrieren, dann werden wir in ein schwarzes Loch stürzen, aus dem das Entkommen sehr schwierig ist. Suchen Sie nicht nach der Finsternis in Ihrem Leben, sondern erlauben Sie dem Heiligen Geist, mit seinem Licht darauf zu leuchten. Wenn er die Finsternis offenbart, dann gibt er uns auch die Wahrheit dazu, die uns frei macht. Es muss immer unser Ziel bleiben, unsere Augen auf das Licht gerichtet zu halten und es dann zuzulassen, dass das Licht jegliche Finsternis in unserem Leben offenbart. Sie müssen diese Finsternis erkennen, darüber Busse tun und dann weiter dem Licht folgen.

Wenn wir dem Licht folgen, wird sich viel der Finsternis ganz von allein von uns scheiden; deshalb sagte Jesus auch, dass Liebe die Erfüllung des Gesetzes ist. Wenn wir diesen beiden einfachen Geboten folgen, den Herrn und unseren Nächsten zu lieben, dann werden wir das ganze Gesetz erfüllen. Wenn wir den Herrn lieben, werden wir keine Götzen anbeten und so weiter. Wenn wir unseren Nächsten lieben, werden wir nicht töten oder ihn um das beneiden, was ihm gehört, oder stehlen. Wenn wir so im Licht der Liebe Gottes wachsen, wird die Finsternis in uns immer mehr offenbart und von uns geschieden. Folgen Sie der Liebe, und Sie werden dem Licht folgen.

6. Tag
Der Tag

Es wurde Abend, und es wurde Morgen: erster Tag. (1. Mose 1,5)

Hier sehen wir, dass jeder Tag mit dem Abend beginnt. Dies ist eine Prophetie, dass im Allgemeinen bei allen grossen Dingen, die der Herr in Existenz bringt, vor der Morgendämmerung Finsternis herrscht. Das ist eine Wahrheit, die sich durch die gesamte Schrift zieht.

So war zum Beispiel Israel vierhundert Jahre in Gefangenschaft und Sklaverei, ehe es in die Freiheit und in das verheissene Land geführt wurde. Seine Bedrückung wurde gerade dann am grössten, als es kurz vor seiner Befreiung durch die Kraft Gottes stand. Die grossen Heiligen der Bibel mussten für gewöhnlich alle durch eine Zeit der Finsternis gehen, ehe sie in die Pläne Gottes hineingeführt wurden. Joseph ging durch eine Zeit der Sklaverei und Gefangenschaft. König David wurde von Saul verfolgt; er wurde von genau den Menschen verjagt, über die er eigentlich berufen war, zu herrschen. Jesus musste zuerst ans Kreuz gehen und sterben, ehe er zu seinem Platz der Autorität und Herrlichkeit auferstehen konnte.

Zwischen dem Zeitpunkt, an dem wir die Verheissungen Gottes empfangen, und der Erfüllung dieser Verheissungen liegt fast immer eine Wüste, die das genaue Gegenteil dessen darstellt, was uns verheissen wurde. Um seinen Glauben zu prüfen und sein Herz zu reinigen, musste das Volk Israel durch die Wüste wandern, wo es kein Wasser gab, ehe es in das verheissene Land einziehen konnte, wo Milch und Honig flossen. Auch wir werden durch harte Zeiten gehen. Daher heisst es in Jakobus 1,2–4+12:

Seid voll Freude, meine Brüder, wenn ihr in mancherlei Versuchungen geratet.

Ihr wisst, dass die Prüfung eures Glaubens Ausdauer bewirkt.
Die Ausdauer aber soll zu einem vollendeten Werk führen; denn so werdet ihr vollendet und untadelig sein, es wird euch nichts mehr fehlen.
Glücklich der Mann, der in Versuchung standhält. Denn wenn er sich bewährt, wird er den Kranz des Lebens erhalten, der denen verheissen ist, die Gott lieben.

Jede Prüfung in unserem Leben wird aus zwei Gründen zugelassen. Zum einen dient sie dazu, uns dem Bild Jesu ähnlich zu machen, was eine Frucht des Geistes ist. Zum anderen gelangen wir dadurch zu einer Reife, aufgrund derer er uns mehr Autorität anvertrauen kann, um die Werke zu tun, die er auch tat – was durch die Gaben des Geistes geschieht. Deshalb müssen wir unsere Prüfungen willkommen heissen, wozu Jakobus uns ermutigt, und voll Freude sein, weil sie uns immer zum Anbruch der Morgendämmerung führen. Ausserdem haben wir die grossartige Verheissung in 1. Korinther 10,13 empfangen:

Noch ist keine Versuchung über euch gekommen, die den Menschen überfordert. Gott ist treu; er wird nicht zulassen, dass ihr über eure Kraft hinaus versucht werdet. Er wird euch in der Versuchung einen Ausweg schaffen, damit ihr sie bestehen könnt.

Gott ist derjenige, der die Versuchungen zulässt, und ihm entgleitet die Kontrolle nicht, so dass wir niemals über das Mass dessen, was wir ertragen können, hinaus versucht werden. Daher können wir auch wissen, wenn es so hart kommt, dass wir an die Grenzen unseres Durchhaltevermögens gelangen, dass wir uns dem Ende unserer Prüfung nähern.

Wir dürfen uns auch sicher sein, dass es aus jeder Prüfung einen Ausweg gibt. Dieser Ausweg ist immer derselbe: das Kreuz. Wenn wir nur zum Kreuz kommen und uns selber, unseren eigenen Wünschen und den Sorgen der Welt sterben, die normalerweise die Wurzel aller Prüfungen sind, dann finden wir umgehend den Frieden, der über jedes menschliche Fassungsvermögen hinausgeht. Wir sind dazu berufen, dieser Welt zu sterben (vgl. Galater 6,14). Was kann die Welt einem Toten antun? Ein Toter kann sich nicht abgelehnt, missbraucht oder ausgenützt fühlen; er kann sich auch keine Gedanken über seinen Verlust machen. Wenn wir nur jeden Tag mit allem, was wir sind und haben, zum Kreuz gehen würden, dann wären wir die freiesten Menschen, die die Welt je gesehen hat.

Wenn wir nur jeden Tag zum Kreuz kommen würden, um unseren eigenen Plänen und Vorteilen zu sterben, dann wären wir auch frei, ohne jeden Rückhalt zu lieben. Selbstlose Liebe kann nicht von der Furcht vor Schmerz oder Verlust kontrolliert werden. Ebenso wenig versucht diese Art der Liebe, den Gegenstand unserer Liebe zu kontrollieren.

So wie es keine Auferstehung ohne Tod geben kann, so kann es keinen Sieg ohne Kampf geben. Wie die Prüfungen, die wir in der Schule bestehen müssen, um in die nächste Klassenstufe versetzt zu werden, bringt uns jede Prüfung, die wir in unserem Leben überstehen, auf eine höhere Ebene der Reife im Herrn. Wir sollten jede Prüfung als eine grossartige Gelegenheit betrachten. Je grösser die Prüfung oder Versuchung, desto grösser ist die Gelegenheit. Behalten Sie immer im Blick, dass, gleichgültig wie finster es um Sie herum zu werden scheint, das Licht auf jeden Fall kommt, so gewiss, wie die Sonne jeden Tag neu aufgeht.

7. Tag
Der Himmel

Dann sprach Gott: Ein Gewölbe entstehe mitten im Wasser und scheide Wasser von Wasser.
Gott machte also das Gewölbe und schied das Wasser unterhalb des Gewölbes vom Wasser oberhalb des Gewölbes. So geschah es, und Gott nannte das Gewölbe Himmel. Es wurde Abend, und es wurde Morgen: zweiter Tag. (1. Mose 1,6–8)

Sobald wir die ersten Schritte in dem Prozess gegangen sind, das Licht von der Finsternis in unserem Leben zu scheiden, müssen wir umgehend aufsehen und anfangen, das Gewölbe des Himmels zu betrachten. Der Himmel ist weder ein Märchen noch eine Wurst, die uns der Herr hinhält, damit wir brav sind. Er ist realer als die Welt um uns herum, und er steht über dem physischen Universum. Der Himmel liegt aber auch nicht jenseits der entferntesten Galaxie. Er ist mitten unter uns, und wir können ihn sehen und bereits jetzt erfahren, wie uns auch im Brief an die Epheser gesagt wird:

Gepriesen sei der Gott und Vater unseres Herrn Jesus Christus: Er hat uns mit allem Segen seines Geistes gesegnet durch unsere Gemeinschaft mit Christus im Himmel. (Epheser 1,3)
Gott aber, der voll Erbarmen ist, hat uns, die wir infolge unserer Sünden tot waren, in seiner grossen Liebe, mit der er uns geliebt hat, zusammen mit Christus wieder lebendig gemacht. Aus Gnade seid ihr gerettet.
Er hat uns mit Christus auferweckt und uns zusammen mit ihm einen Platz im Himmel gegeben. (Epheser 2,4–6)

Genau dann, wenn wir mit der Finsternis in unserem Leben zu kämpfen haben, fangen wir an, beides zu erkennen: sowohl wie tot wir in unseren Sünden sind, als auch wie der Vater uns auferweckt und uns mit seinem Sohn einen Platz im Himmel gegeben hat. Wenn wir die Herrlichkeit des Himmels betrachten, wo Jesus zur Rechten Gottes sitzt – weit über aller anderen Herrschaft, Macht und Gewalt –, dann dürfen wir wissen, dass wir durch die Kraft seines Kreuzes mit ihm an diesen Ort gesetzt wurden, nicht etwa durch unsere eigene Gerechtigkeit. Wir decken nicht einfach die Finsternis in unserem Leben zu, sondern wir müssen darüber hinauswachsen und in eine neue, beständig zunehmende Herrlichkeit hineinkommen.

Die Menschen, die irdisch oder weltlich gesinnt sind, werden immer versuchen, all die zurückzuhalten, die nach Gott suchen, indem sie Dinge sagen, wie: «Schau nicht so sehr auf den Himmel, dass du auf der Erde nichts mehr taugst.» Dabei ist das der wahren Weisheit genau entgegengesetzt. Der Himmel ist der Ort, an dem wir berufen sind, mit Jesus Christus zu bleiben; und jeder effektive Dienst, den wir hier auf Erden ausüben wollen, muss seinen Ursprung dort haben. Eine Gemeinde, die zu weltlich gesinnt ist, kann der Welt nichts nützen. Wir sind dazu berufen, eine Brücke zwischen Himmel und Erde zu sein und die Wirklichkeit all dessen sichtbar zu machen, was uns in Jesus Christus in diesen himmlischen Regionen gegeben ist. Die Christen sollten derart vom Himmel durchtränkt sein, dass er ihnen realer ist als alles andere im natürlichen Bereich. Nur dann werden wir das Licht offenbaren, das stärker ist als alle Finsternis; und nur dann können wir die Welt aus ihrer fürchterlichen Nacht in das anbrechende Licht Jesu rufen.

«Von da an begann Jesus zu verkünden: Kehrt um! Denn das Himmelreich ist nahe.» (Matthäus 4,17) Alles, was Jesus hier auf Erden predigte, war auf seiner Lehre über «das Himmelreich» aufgebaut. Meistens begann er seine Lehre mit den Worten: **«Mit dem Himmelreich ist es wie...»** Wenn wir die Botschaft Jesu verstehen wollen, ist es absolut grundlegend, dass wir das Reich Gottes verstehen.

Der Apostel Johannes berichtet uns in Offenbarung 4,1: **«Danach sah ich: Eine Tür war geöffnet am Himmel; und die**

Stimme, die vorher zu mir gesprochen hatte und die wie eine Posaune klang, sagte: Komm herauf, und ich werde dir zeigen, was dann geschehen muss.» Diese Stimme ruft auch heute noch alle, die es hören wollen. Es gibt eine offene Tür im Himmel, und der Heilige Geist winkt uns, heraufzukommen. Es ist letztlich das Ziel eines jeden Christen, sein Leben auf der Erde von einer Position aus zu führen, an der er mit Jesus Christus an seinem Platz im Himmel sitzt.

Daher muss auch das unser Gebet sein, welches er seine Jünger lehrte: dass sein Reich komme, sein Wille geschehe, im Himmel wie auf Erden (siehe Matthäus 6,10). Wir können unseren Sinn niemals zu sehr auf den Himmel ausgerichtet haben. Alles wahrhaft Gute, was wir hier auf der Erde tun können, hängt immer von dem Mass ab, in dem wir uns die himmlischen Reichtümer angeeignet haben. Dem Gebot in Matthäus 6,33 müssen wir stets mit ganzer Hingabe folgen: **«Euch aber muss es zuerst um sein Reich und um seine Gerechtigkeit gehen; dann wird euch alles andere dazugegeben.»**

8. Tag
Die Nationen

Dann sprach Gott: Das Wasser unterhalb des Himmels sammle sich an einem Ort, damit das Trockene sichtbar werde. So geschah es.
Das Trockene nannte Gott Land, und das angesammelte Wasser nannte er Meer. Gott sah, dass es gut war. (1. Mose 1,9–10)

In der Bibel steht das Meer häufig als Bild für die Nationen, wie wir es auch in Jesaja 17,12 sehen: **«Weh, welch Getöse von zahlreichen Völkern; wie das Tosen des Meeres, so tosen sie. Man hört das Toben der Nationen; wie das Toben gewaltiger Fluten, so toben sie.»** Ebenso können wir es in Offenbarung 17,15 lesen: **«Und er sagte zu mir: Du hast die Gewässer gesehen, an denen die Hure sitzt; sie bedeuten Völker und Menschenmassen, Nationen und Sprachen.»**

In den vorhergegangenen Versen in 1. Mose hat der Herr den Himmel gegründet. Unmittelbar danach bringt er das Meer hervor, das für die Nationen steht. Paulus erläutert in 1. Korinther 15,46–49:

Aber zuerst kommt nicht das Überirdische; zuerst kommt das Irdische, dann das Überirdische.
Der erste Mensch stammt von der Erde und ist Erde; der zweite Mensch stammt vom Himmel.
Wie der von der Erde irdisch war, so sind es auch seine Nachfahren. Und wie der vom Himmel himmlisch ist, so sind es auch seine Nachfahren.
Wie wir nach dem Bild des Irdischen gestaltet wurden, so werden wir auch nach dem Bild des Himmlischen gestaltet werden.

Die neue Schöpfung folgt demselben Muster wie die ursprüngliche Schöpfung. Unmittelbar nachdem wir an unserem Platz mit Christus im Himmel gestellt wurden, möchte er uns eine neue Vision für die Nationen (das Meer) geben. Wie es auch über den Sohn in Psalm 2,8 geschrieben steht: **«Fordere von mir, und ich gebe dir die Völker zum Erbe, die Enden der Erde zum Eigentum.»** Die Gemeinde ist die Braut des Herrn, aber die Nationen sind sein Erbteil. Er hat die Nationen geschaffen, die unterschiedlichen Kulturen und Völker, und jede von ihnen hat eine eigene, spezifische und herrliche Bestimmung in ihm. Der Missionsbefehl lautet:

> **Darum geht zu allen Völkern, und macht alle Menschen zu meinen Jüngern; tauft sie auf den Namen des Vaters und des Sohnes und des Heiligen Geistes, und lehrt sie, alles zu befolgen, was ich euch geboten habe. Seid gewiss: Ich bin bei euch alle Tage bis zum Ende der Welt. (Matthäus 28,19–20)**

Wir sind nicht nur gerettet, damit wir einen Sitzplatz im Himmel bekommen, sondern damit wir mit der herrlichen Botschaft des Kreuzes hinausgehen. Wir müssen im Herrn und seiner Autorität fest gegründet sein, ehe wir hinausgehen, aber dann müssen wir gehen. Wenn wir unser Leben nicht mit einem Auftrag führen, dann zählen wir zu den Abgefallenen oder zu den alten Weinschläuchen. Unsere Liebe zum Herrn treibt uns an, dafür Sorge zu tragen, dass er den Lohn für sein Opfer erhält – die Nationen.

Als der Herr das Wasser an seinen Ort gewiesen und somit das Meer geschaffen hatte, das für die unterschiedlichen Nationen steht, sagte er, es war «gut». Gott liebt ganz offensichtlich die Vielfalt der unterschiedlichen Kulturen und Nationen. Er hat jeder von ihnen einzigartige Gaben gegeben, die seine Natur widerspiegeln. Jedes Mal, wenn wir, die wir den wunderbaren Schöpfer lieben, Menschen begegnen, die anders sind, sollte unsere erste Reaktion die Erwartung sein, durch sie eine tiefere Offenbarung des Wesens Gottes zu empfangen. Unsere Unterschiede sind nicht dazu gedacht, sich gegenseitig zu widersprechen oder im Konflikt zu stehen, sondern sie sollen sich vielmehr ergänzen. Wie die Bibel lehrt, können selbst diejenigen, welche die Gabe der Prophetie haben, nur stückweise erkennen. Um das Gesamtbild sehen zu können, müssen wir unseren Teil mit dem zusammenfügen, was er anderen gegeben hat. Wir brauchen einander, um einen klaren Blick zu bekommen. Nachdem der Herr das Wasser aufgeteilt und somit die verschiedenen Meere geschaffen hatte, sagte er, dass es «gut» war.

Seine Liebe zur Vielfalt ist einer der grundlegenden Charakterzüge Gottes. Aber leider ist das auch einer der Charakterzüge, der von weiten Teilen der Gemeinde immer wieder vernachlässigt wurde. Der Druck hin zur Gleichförmigkeit kommt nicht von Gott. Er liebt die Vielfalt. Deshalb sollten alle, die den Schöpfer kennen, die kreativsten und freiesten Menschen auf Erden sein.

Zur Freiheit hat Christus uns befreit. Bleibt daher fest und lasst euch nicht von neuem das Joch der Knechtschaft auflegen. (Galater 5,1)

9. TAG
DER SAME

Dann sprach Gott: Das Land lasse junges Grün wachsen, alle Arten von Pflanzen, die Samen tragen, und von Bäumen, die auf der Erde Früchte bringen mit ihrem Samen darin. So geschah es.
Das Land brachte junges Grün hervor, alle Arten von Pflanzen, die Samen tragen, alle Arten von Bäumen, die Früchte bringen mit ihrem Samen darin. Gott sah, dass es gut war.
Es wurde Abend, und es wurde Morgen: dritter Tag.
(1. Mose 1,11–13)

Das grundlegende Verständnis sowohl der alten wie auch der neuen Schöpfung beginnt mit dem Verständnis des Samens. Wie wir gestern bereits gesagt haben, liebt der Herr die Vielfalt. Um sie zu schützen und zu erhalten, hat er Samen geschaffen, die nur Frucht nach ihrer Art bringen. Jede Pflanze hat eine wichtige Rolle im Gleichgewicht der Schöpfung. Wenn eine Pflanze oder ein Tier ihre Einzigartigkeit verlieren würden, dann könnten sie ihren Platz nicht einnehmen; und das Gleichgewicht, welches das Leben, wie wir es kennen, auf diesem wunderschönen Planeten ermöglicht, würde langsam zerstört. Da der Feind dies nun sehr gut weiss, ist es eine seiner Hauptstrategien, Leben zu zerstören und die Unterscheidungsmerkmale zu verwischen, die Gott geschaffen hat. Wenn er damit Erfolg hätte, dann wäre dies der einzige Weg, auf dem er die Harmonie der Schöpfung zerrütten und auflösen könnte, die doch notwendig ist, um das Leben zu ermöglichen.

Wenn das Leben weitergehen soll, dann dürfen die grundlegenden Unterschiede zwischen Männern und Frauen nicht geleugnet werden. Mann und Frau werden nicht eins, indem der

Mann eine Frau wird oder die Frau ein Mann, sondern indem sie die Unterschiede anerkennen und wertschätzen. Wenn diese Wertschätzung jemals enden sollte, wäre dies das Ende der Menschheit. Der Grund, weshalb der Herr jeden Samen geschaffen hat, Frucht **«nach seiner Art»** zu bringen, liegt darin, dass so die Einzigartigkeit, die das Leben weiterführt, erhalten bleibt.

Wie der Herr im Gleichnis vom Sämann erklärte, sind unsere Worte auch Samen. Diese Samen wachsen dann zu Pflanzen heran, die Frucht bringen. Was wächst aus unseren Worten heran? Wie wird die Frucht unserer Worte aussehen? Wenn wir aus Bitterkeit sprechen, dann säen wir bittere Früchte in die Erde. Wenn unsere Worte mit Glaube, Hoffnung oder Liebe erfüllt sind, dann pflanzen wir Bäume, die eines Tages die Früchte von Glaube, Hoffnung und Liebe auf der Erde tragen werden.

Ich lebe im Hochland von Nord-Carolina. An unseren Berghängen wachsen Tausende von Apfelbäumen. Angeblich wurden in unserer Gegend die Äpfel von Johnny Appleseed[1] eingeführt. Er pflegte immer zu sagen: «Jeder kann die Kerne in einem Apfel zählen, aber nur Gott kann die Äpfel in einem Kern zählen.» Niemand weiss ganz genau, wie viele Apfelbäume er in unserer Gegend gepflanzt hat; aber jetzt, etwa 200 Jahre später, werden jeden Herbst Millionen von Äpfeln geerntet. Genau wie jeder andere Same benötigen auch unsere Worte Zeit, bis sie Frucht treiben. Vielleicht werden wir die Frucht selber nicht einmal mehr miterleben. Wie jeder andere Same werden sich unsere Worte mit grosser Wahrscheinlichkeit vervielfältigen. Lassen Sie uns jeden Tag bedenken, dass unsere Worte Frucht bringen, und lassen Sie uns die Entscheidung treffen, nur das zu säen, was die Frucht des Geistes hervorbringt.

Der Herr hat auch unseren Glauben mit einem Samenkorn verglichen. Jesus sagte seinen Jüngern, wenn sie nur Glauben wie ein Senfkorn hätten, könnten sie Berge versetzen (vgl. Matthäus 17,20). Die Geschichte hat es bestätigt, dass es keine Macht auf Erden gibt, die echten Glauben aufhalten kann. Die

[1] Englisch für «Apfelkern» (Anm. d. Übers.)

Jünger haben nicht nur Berge versetzt, sie haben ganze Nationen und Königreiche in Bewegung versetzt. Sie verstanden die Gesetzmässigkeit des Samens. Wenn schon der Same Berge versetzen kann, was wäre dann erst der ausgewachsenen Pflanze möglich?

Es ist so, wie der weise König Salomo in den Sprüchen 18,21 schrieb: **«Tod und Leben sind in der Gewalt der Zunge, und wer sie liebt, wird ihre Frucht essen.»** (Revidierte Elberfelder Bibel) Lassen Sie uns sicherstellen, dass die Frucht unserer Worte etwas ist, das wir dann auch essen wollen. Bringen unsere Worte Leben oder Tod? Bauen sie den Glauben anderer auf oder nähren sie ihre Ängste? Bringen sie Liebe und Versöhnung hervor oder Streit und Zwietracht? Behalten Sie immer im Hinterkopf, dass wir letzten Endes die Frucht unserer Worte auch essen müssen. In Epheser 4,29–32 wird uns gesagt:

> **Über eure Lippen komme kein böses Wort, sondern nur ein gutes, das den, der es braucht, stärkt und dem, der es hört, Nutzen bringt.**
> **Beleidigt nicht den Heiligen Geist Gottes, dessen Siegel ihr tragt für den Tag der Erlösung.**
> **Jede Art von Bitterkeit, Wut, Zorn, Geschrei und Lästerung und alles Böse verbannt aus eurer Mitte!**
> **Seid gütig zueinander, seid barmherzig, vergebt einander, weil auch Gott euch durch Christus vergeben hat.**

Nach dieser Schriftstelle ist eine der häufigsten Weisen, wie wir den Heiligen Geist betrüben, dass wir leeres Geschwätz aus unserem Munde kommen lassen, das aus Bitterkeit, Zorn, Ärger usw. entspringt. Lassen Sie uns die Entscheidung treffen, dass wir keine derartigen Samen säen, sondern immer solche Worte aussprechen, die auferbauen und ermutigen.

10. Tag
Die Lichter

Dann sprach Gott: Lichter sollen am Himmelsgewölbe sein, um Tag und Nacht zu scheiden. Sie sollen Zeichen sein und zur Bestimmung von Festzeiten, von Tagen und Jahren dienen; sie sollen Lichter am Himmelsgewölbe sein, die über die Erde hin leuchten. So geschah es.
Gott machte die beiden grossen Lichter, das grössere, das über den Tag herrscht, das kleinere, das über die Nacht herrscht, auch die Sterne.
Gott setzte die Lichter an das Himmelsgewölbe, damit sie über die Erde hin leuchten, über Tag und Nacht herrschen und das Licht von der Finsternis scheiden. Gott sah, dass es gut war.
Es wurde Abend, und es wurde Morgen: vierter Tag.
(1. Mose 1,14–19)

Die Sonne ist die Kraft, die alles Leben hier auf der Erde ermöglicht. Daher wird sie in der Schrift häufig als Bild für Jesus gebraucht, der ebenso die Quelle allen Lebens ist, wie wir in Kolosser 1,16–17 lesen können: **«Denn in ihm wurde alles erschaffen im Himmel und auf Erden, das Sichtbare und das Unsichtbare, Throne und Herrschaften, Mächte und Gewalten, alles ist durch ihn und auf ihn hin geschaffen. Er ist vor aller Schöpfung, in ihm hat alles Bestand.»** Bereits vor der Gründung der Welt war unser Herr Jesus bei dem Vater; und wie wir in Johannes 1,1–4+10 sehen, war er der Schöpfer der Welt:

Im Anfang war das Wort, und das Wort war bei Gott, und das Wort war Gott. Im Anfang war es bei Gott.
Alles ist durch das Wort geworden, und ohne das Wort wurde nichts, was geworden ist.

In ihm war das Leben, und das Leben war das Licht der Menschen.

Er war in der Welt, und die Welt ist durch ihn geworden, aber die Welt erkannte ihn nicht.

Jesus ist nicht nur der Eine, durch den alles geschaffen wurde. Er ist auch alles, was der Vater liebt. In allem, was jemals geschaffen wurde, sucht der Vater immer nach dem Ebenbild seines Sohnes. Er sucht nach seinem Sohn in uns. Wenn wir ihn kennen, kennen wir auch den Vater und haben ewiges Leben. So wie die Sonne die Quelle unseres physischen Lebens ist – und wie das Leben auf Erden sofort vergehen würde, wenn die Sonne verlöschen sollte –, so ist Jesus die Quelle allen Lebens. Selbst diejenigen, die ihn nicht kennen, können keinen Augenblick ohne ihn leben.

Der Mond steht für die Kirche, die nicht die Quelle des Lichts ist, sondern das Licht der Sonne widerspiegelt. So wie der Mond über die Nacht herrscht, war das Zeitalter der Kirche eine dunkle Zeit für die Menschheit. Trotz aller ihrer Fehler und Schwächen hat die Gemeinde aber dennoch den Nationen Licht gegeben. So wie die Anziehungskräfte des Mondes Ebbe und Flut bestimmen, hat die Gemeinde ausreichend Zugkraft für die Nationen, um einen grossen Einfluss auf die Ereignisse dieser Zeit auszuüben. Sie ist aber trotzdem nicht das Licht und kann auch nicht über die Nationen herrschen, bis nicht das Licht selbst zurückgekehrt ist. Die Bestimmung der Kirche in dieser Zeit ist es, ausreichend Licht für alle zu bieten, die es benötigen, um die Nacht zu überdauern.

Die Sterne stehen in der Bibel häufig für Boten. Der Herr selbst erklärt, dass die sieben Sterne, die er in seiner Hand hielt, für die Engel der sieben Gemeinden standen (vgl. Offenbarung 1,20). Das griechische Wort, das mit «Engel» übersetzt wird, heisst *aggelos* (ang'-el-os); und wörtlich übersetzt bedeutet es «Bote». Bisweilen bezeichnet dieses Wort Engelboten, aber oft steht es für Personen, insbesondere für die Apostel, die besondere Boten im Neuen Testament waren. Das ist allgemein die Bedeutung, die den «Sternen» in der Offenbarung gegeben wird, da die Worte an die sieben Gemeinden dem jeweiligen «Engel» der Gemeinde übergeben werden sollten (vgl. Offb. 4,1). Da Engelboten es aber nicht nötig haben, dass ihnen derartige Worte schriftlich übergeben werden, sind diese «Sterne» immer als die Leiter dieser Gemeinden identifiziert worden.

Die Sterne werden auch nachts zur Navigation von Schiffen gebraucht. In gleicher Weise war der Herr treu und hat seine Boten in die Welt gesandt, um den Menschen zu helfen, den Weg durch die Finsternis zu finden. Die Boten sind gekommen und haben dazu beigetragen, den Verlauf der Geschichte zu steuern; aber wir müssen uns dabei immer vor Augen halten, dass die Menschen die «kleineren Lichter» sind und dass wir immer danach streben müssen, in dem grösseren Licht Jesu zu wandeln. Sobald die Sonne aufgeht, verschwinden die Sterne. So wird es sein, wenn der Herr wiederkommt; dann werden wir uns nicht mehr so von Menschen beeindrucken lassen, und seien es auch die grössten geistlichen Leiter. Aber während es noch dunkel ist, brauchen wir diejenigen, die mit einem kleinen Licht zu uns gesandt wurden, um uns durch diese Zeit hindurch zu helfen. Es ist richtig, unsere geistlichen Leiter zu ehren, weil wir wissen, dass sie uns helfen, auf dem richtigen Kurs zu bleiben. Aber sobald der Sohn aufgeht und der Tag mit dem vollen Licht Jesu Christi anbricht, werden wir keine geistlichen Leiter mehr brauchen; aber bis zu diesem Zeitpunkt brauchen wir sie auf jeden Fall.

11. Tag
Leben

Dann sprach Gott: Das Wasser wimmle von lebendigen Wesen, und Vögel sollen über dem Land am Himmelsgewölbe dahinfliegen.
Gott schuf alle Arten von grossen Seetieren und anderen Lebewesen, von denen das Wasser wimmelt, und alle Arten von gefiederten Vögeln. Gott sah, dass es gut war. (1. Mose 1,20–21)

Der Herr selbst sagte, dass sein Volk **«viel mehr wert»** (Matthäus 6,26) sei als die Vögel am Himmel. Daher sind offensichtlich auch die Vögel am Himmel von Wert für ihn. Als er die Tiere geschaffen hatte, sah er, **«dass es gut war»** (1. Mose 1,25). Die Schöpfung ist dem Herrn kostbar; daher sehen wir auch in Offenbarung 11,18, dass einer der Gründe, weshalb der grosse Zorn Gottes am Ende kommt, der ist, **«alle zu verderben, die die Erde verderben».** Wir Christen sollten eigentlich die engagiertesten Umweltschützer überhaupt sein, die das für wertvoll erachten, was uns unser wunderbarer Herr hier auf Erden anvertraut hat, damit wir es geniessen. Das Leben in allen seinen Erscheinungsformen muss wertgeachtet und geschützt werden. Aber all dies darf nicht mit einem Götzendienst verwechselt werden, der die Schöpfung anstelle des Schöpfers anbetet.

In Johannes 10,10 sagte der Herr: **«Ich bin gekommen, damit sie das Leben haben und es in Fülle haben.»** Er wird auch der **«Urheber des Lebens»** (Apg. 3,15) genannt. Er kam, um uns auf den Pfad des Lebens zu führen. In ihm ist das Leben, und er ist der Eine, der die Worte des Lebens hat. Wenn wir in ihm bleiben, dann sollte in gleicher Weise Leben von uns ausgehen. Wir haben eine Quelle lebendigen Wassers empfangen, die nie vertrocknet. Bei allem, was wir tun, sollten wir das Leben lieben, suchen, erhalten und verbreiten.

Eine der ältesten philosophischen Fragen ist die folgende: «Was ist das Leben?» Wenn wir es in einfache Worte fassen wollen, dann ist Leben Kommunikation. Wir haben Leben, solange wir mit unserer Umwelt kommunizieren oder in Beziehung stehen können. Der Mensch wird bisweilen als «höhere Lebensform» bezeichnet, weil wir in der Lage sind, auf einer höheren Ebene zu kommunizieren. In gleicher Weise haben wir nur dann geistliches Leben, wenn wir geistlich kommunizieren. So wie der Herr in Johannes 6,63 sagte: **«Die Worte, die ich zu euch gesprochen habe, sind Geist und sind Leben.»** Wir haben nur dann geistliches Leben, wenn wir seine Worte hören oder auf einer geistlichen Ebene kommunizieren. Wenn wir im Geist leben, dann kann man unseren Leib töten, aber man kann uns nicht unser Leben nehmen. So wie er es in Johannes 11,25–26 selbst sagte: **«Ich bin die Auferstehung und das Leben. Wer an mich glaubt, wird leben, auch wenn er stirbt, und jeder, der lebt und an mich glaubt, wird auf ewig nicht sterben.»**

In der Bibel wird unser Geist bisweilen als unser Herz bezeichnet. Daher lesen wir in den Sprüchen 4,23: **«Mehr als alles hüte dein Herz; denn von ihm geht das Leben aus.»** Der Herr erklärt in Lukas 6,45: **«Ein guter Mensch bringt Gutes hervor, weil in seinem Herzen Gutes ist; und ein böser Mensch bringt Böses hervor, weil in seinem Herzen Böses ist. Wovon das Herz voll ist, davon spricht der Mund.»** Wie wir bereits an anderer Stelle aus den Sprüchen 18,21 zitiert haben: **«Tod und Leben sind in der Gewalt der Zunge, und wer sie liebt, wird ihre Frucht essen.»** Ein berühmter Staatsmann hat einmal gesagt: «Lass deine Worte immer süss sein; du weisst nie, wann du sie einmal essen musst.»

Unsere Worte sind immer ein Hinweis darauf, was in unserem Herzen ist. In den Sprüchen 10,11 heisst es: **«Der Mund des Gerechten ist ein Lebensquell.»** Und Jakobus schreibt: **«Lässt etwa eine Quelle aus derselben Öffnung süsses und bitteres Wasser hervorsprudeln?»** (3,11) Es ist erstaunlich, aber wahr, dass unsere Worte tatsächlich die Macht über Leben und Tod in sich haben. Die Worte des gepredigten Evangeliums können den Samen des ewigen Lebens in sich bergen. Lassen Sie uns immer auf unsere Worte achten, damit sie Leben bringen.

Der Herr liebt das Leben. Er hat die Welt geschaffen, damit sie von Leben «wimmeln» soll. Wenn wir wirklich eins sind mit ihm, dann werden wir das Leben in allem fördern. Der Tod ist ein Feind, der in die Schöpfung eingedrungen ist. Der Tod wird besiegt werden, aber lassen Sie ihn uns bis zu seiner endgültigen Niederlage mit dem Leben konfrontieren und überwinden. Wir sollten immer im Blick behalten, wie wir das Leben fördern und schützen können. Lassen Sie uns stets Worte des Lebens und der Hoffnung aussprechen, fest entschlossen, Tod mit Leben zu überwinden, indem wir bleibende Frucht bringen. Wir sollten immer sicherstellen, dass unsere Worte seine Worte sind und dass sie «Geist und Leben» sind.

In Psalm 16,11 lesen wir: **«Du zeigst mir den Pfad zum Leben. Vor deinem Angesicht herrscht Freude in Fülle, zu deiner Rechten Wonne für alle Zeit.»** Der Herr Jesus ist die Quelle allen Lebens. Je näher wir ihm sind, desto mehr Leben werden wir in uns haben. Wie König David in Psalm 36,10 schrieb: **«Denn bei dir ist die Quelle des Lebens, in deinem Licht schauen wir das Licht.»** Lassen Sie uns heute die Entscheidung treffen, bei der Quelle allen Lebens zu verharren und sein Leben durch uns hindurch fliessen zu lassen, um anderen Leben zu bringen.

12. Tag
Fruchtbarkeit

Gott segnete sie und sprach: Seid fruchtbar, und vermehrt euch, und bevölkert das Wasser im Meer, und die Vögel sollen sich auf dem Land vermehren.
Es wurde Abend, und es wurde Morgen: fünfter Tag.
(1. Mose 1,22–23)

Der erste Segen, den der Herr über seiner Schöpfung aussprach, war, fruchtbar zu sein und sich zu vermehren. Kinder sind eine der grössten Segnungen, die wir empfangen können. Daher ist Abtreibung auch eine der abscheulichsten Erscheinungsformen der menschlichen Verderbtheit. Selbst die Tiere opfern gerne ihr eigenes Leben für ihre Jungen. Lediglich die niedrigsten Lebensformen, oder die grausamsten, können ihre eigenen Kinder töten.

Bei der ersten Probe, auf die Salomo in seiner Weisheit gestellt wurde, musste er zwischen der achtlosen Mutter und derjenigen, die das Leben ihres Kindes wertachtete, unterscheiden. Das ist auch heute noch die Grundlage aller wahren Weisheit. Achtlos bedeutet, nicht zu achten. Achtsam bedeutet, Acht zu haben. Liebe hat Acht auf andere. Gott ist Liebe, und wenn wir nach dem Bild Gottes wiederhergestellt werden sollen, dann müssen auch wir lieben, das heisst, wir müssen Acht haben auf andere.

Es ist einer der Grundzüge der Natur, auf die Jungen und Kleinen Acht zu haben. Aber aufgrund des Sündenfalls ist die Natur, mit der wir geschaffen wurden, im höchsten Masse pervertiert worden. Echter christlicher Glaube ist also auch eine Wiederherstellung der Position, von der wir gefallen sind. Deshalb steht auch in 1. Timotheus 5,8: **«Wer aber für seine Verwandten, besonders für die eigenen Hausgenossen, nicht sorgt, der**

verleugnet damit den Glauben und ist schlimmer als ein Ungläubiger.» Wenn wir nicht für die Kleinen sorgen, die uns anvertraut sind, dann leugnen wir unsere Erlösung, welche die Erlösung unserer gefallenen Natur ist.

In Johannes 15,1–8 gibt der Herr eine eindeutige Erklärung im Blick auf unsere Frucht:

> **Ich bin der wahre Weinstock, und mein Vater ist der Winzer. Jede Rebe an mir, die keine Frucht bringt, schneidet er ab; und jede Rebe, die Frucht bringt, reinigt er, damit sie mehr Frucht bringt.**
>
> **Ihr seid schon rein durch das Wort, das ich zu euch gesagt habe.**
>
> **Bleibt in mir, dann bleibe ich in euch. Wie die Rebe aus sich keine Frucht bringen kann, sondern nur, wenn sie am Weinstock bleibt, so könnt auch ihr keine Frucht bringen, wenn ihr nicht in mir bleibt.**
>
> **Ich bin der Weinstock, ihr seid die Reben. Wer in mir bleibt und in wem ich bleibe, der bringt reiche Frucht; denn getrennt von mir könnt ihr nichts vollbringen.**
>
> **Wer nicht in mir bleibt, wird wie die Rebe weggeworfen, und er verdorrt. Man sammelt die Reben, wirft sie ins Feuer, und sie verbrennen.**
>
> **Wenn ihr in mir bleibt und wenn meine Worte in euch bleiben, dann bittet um alles, was ihr wollt: Ihr werdet es erhalten.**
>
> **Mein Vater wird dadurch verherrlicht, dass ihr reiche Frucht bringt und meine Jünger werdet.**

Wenn wir wahres geistliches Leben haben, dann werden wir Frucht bringen und uns geistlich vermehren. In Galater 5,22–23 heisst es: **«Die Frucht des Geistes aber ist Liebe, Freude, Friede, Langmut, Freundlichkeit, Güte, Treue, Sanftmut und Selbstbeherrschung…»** Wenn wir wirklich im Herrn bleiben, dann sollten wir auch in jedem dieser Bereiche der Frucht des Geistes wachsen und zunehmen. Wenn wir an dieser Frucht nicht zunehmen, dann bleiben wir ganz offensichtlich nicht im Herrn.

Wahrer christlicher Glaube ist der «Pfad des Lebens». Jesus kam, um Leben zu bringen und es in aller Fülle zu bringen (vgl. Johannes 10,10). Es ist grundlegend für unseren Glauben, dass wir das Leben wertschätzen. Im Gegensatz dazu war der Teufel **«ein Mörder von Anfang an»** (Joh. 8,44). Alle, die auf dem Pfad des Lebens wandeln, werden nicht nur das Leben wertschätzen und schützen, sondern sie werden auch Leben neu hervorbringen, so wie es der erste Segen Gottes an die Menschheit ermöglichte. Wenn wir so wandeln, wie wir es tun sollten, dann werden wir eine Spur von Leben und Fruchtbarkeit hinterlassen. Unser wunderbarer Schöpfer liebt das Leben. Er sehnt sich danach, dass die ganze Welt davon wimmelt. Alle, die in ihm bleiben, werden fruchtbar sein, sich vermehren und das Leben lieben.

13. Tag
Vielfalt

Dann sprach Gott: Das Land bringe alle Arten von lebendigen Wesen hervor, von Vieh, von Kriechtieren und von Tieren des Feldes. So geschah es.
Gott machte alle Arten von Tieren des Feldes, alle Arten von Vieh und alle Arten von Kriechtieren auf dem Erdboden. Gott sah, dass es gut war. (1. Mose 1,24–25)

Gott schuf jede Art auf Erden, damit sie sich «**nach ihrer Art**» vermehren sollte. Es ist an dieser Stelle interessant zu sehen, dass einer der wichtigsten Gesichtspunkte der Evolutionstheorie darin besteht, dass sich die verschiedenen Arten entwickelt haben. Aber bis zum heutigen Tag ist es noch nicht gelungen, zwei Arten so miteinander zu kreuzen, dass sie fortpflanzungsfähigen Nachwuchs hervorbringen würden. Man kann ein Pferd mit einem Esel kreuzen und ein Maultier züchten, aber Maultiere können sich nicht fortpflanzen. Es gibt also ein Gesetz, das Gott in die Erbinformation der Schöpfung eingepflanzt hat, um die Einzigartigkeit eines jeden Geschöpfs zu bewahren.

Der Herr liebt die Vielfalt derart, dass er sogar jede Schneeflocke unterschiedlich gemacht hat. Jeder Baum und jeder Mensch ist anders. Seine Kreativität kennt keine Grenzen und nimmt mit jeder neuen Pflanze oder jedem anderen Geschöpf immer noch zu. Selbst als Jesus hier auf Erden wandelte, heilte er niemals zwei Menschen auf die gleiche Weise. In jeder Situation hatte er eine andere Botschaft. Bei Gott gibt es jeden Tag Neues und Frisches. Wenn wir mit ihm leben, dann heisst es, dass wir uns in einem beständigen Zustand des Staunens und Wunderns befinden. Und dennoch ist die Grundlage dieser Explosion von Kreativität in einen Rahmen gesetzt, der ihr ermöglicht, in wunderbarer, geordneter Harmonie zu fliessen, und nicht im Chaos unterzugehen.

Das stellt uns wiederum vor die interessante Frage, ob es im Plan Gottes ist, dass sich die menschlichen Rassen vermischen sollten. Es ist wichtig, dass die besonderen Gaben und Merkmale, die Gott jeder Rasse und Kultur gegeben hat, erhalten bleiben, damit sie ihren Teil zur Offenbarung des Wesen Gottes beitragen können. Er hat den Menschen in seinem Bild geschaffen, um sich der natürlichen Schöpfung zu offenbaren, daher müssen auch die Gaben aller Rassen und Kulturen zusammenkommen, damit sich Gott vollständig offenbaren kann. Aber die Grenze, die geschützt werden muss, damit sich alle **«nach ihrer Art»** vermehren können, ist die Grenze der Arten, nicht der Rassen. In der Tatsache, dass sich die verschiedenen Rassen vermischen und sich ihr Nachwuchs weiter fortpflanzen kann, zeigt sich, dass dies den ursprünglichen Plan Gottes nicht verletzt. Die Vermischung der Rassen bringt nur neue Offenbarungen seiner Kreativität innerhalb des Rahmens hervor, den er der Schöpfung gesetzt hat.

Wie wir bereits erwähnt haben, werden alle, die dem Herrn ähnlich werden, alles Kreative lieben. Alle, die den wunderbaren Schöpfer kennen und ihm ähnlicher werden, sollten kreativ sein. Wir sollten die Vielfalt lieben und dennoch Ordnung und Bestimmung achten. Wenn alles ordentlich zusammengefügt wird, dann werden wir unserem Ziel immer näher kommen, so zu werden, wie er.

Wenn wir sein Herz für Vielfalt und Kreativität empfangen, dann werden wir immer offen dafür sein und erwarten, neue Dinge zu lernen, sobald wir jemandem begegnen, der anders ist als wir, nicht verschlossen und ängstlich. Eines der Unterscheidungsmerkmale zwischen den «Schafen» und den «Böcken» lag darin, wie sie sich verhielten, als Jesus als Fremder zu ihnen kam – und die Schafe ihn aufnahmen (vgl.Mt. 25,32–36). Das griechische Wort, das hier mit «Fremder» übersetzt wird, heisst *xenos* (xen'-os); wörtlich übersetzt bedeutet es «Ausländer» oder «Unbekannter». Der Herr erscheint uns oft gerade durch die, die anders sind als wir. Wenn wir für sie nicht offen sind, werden wir auch nicht für ihn offen sein.

In Markus 16 sehen wir die Geschichte von den beiden Männern auf dem Weg nach Emmaus, die den Herrn nicht erkannten, weil er, wie es geschrieben steht, ihnen **«in einer anderen Gestalt»** (Mk. 16,12) erschien. Er tat dies ganz offensichtlich mit Absicht, damit sie ihn im Geist erkennen sollten, und nicht nur nach seiner äusseren Erscheinung. Dementsprechend ist auch sehr wahrscheinlich der Hauptgrund, weshalb wir ihn so oft nicht erkennen, wenn er versucht, uns nahe zu kommen, der, dass er uns in ungewohnter Gestalt oder Form erscheint. Wenn wir Baptisten sind, wird er uns vielleicht in Gestalt eines Pfingstlers erscheinen; wenn wir Charismatiker sind, dann kommt er unter Umständen als Baptist, usw. Er ist beständig dabei, die Mauern unseres religiösen Rassismus einzureissen.

Rassismus wird aus den beiden Sünden Stolz und Angst geboren. Es ist die höchste Form des Stolzes, zu glauben, wir wären auf Grund unserer Rasse besser als andere. Religiöser Rassismus ist nun der Glaube, wir wären besser, weil wir zu einer bestimmten Denomination oder Bewegung gehören. Wie Jakobus 4,6 sagt: **«Gott tritt den Stolzen entgegen, den Demütigen aber schenkt er seine Gnade.»** Ein derartiger Stolz kann eine der zerstörerischsten Kräfte überhaupt in unserem Leben sein. Gleichzeitig wird er uns auch noch der Gruppe zugesellen, die der Herr als «Böcke» bezeichnete, weil wir uns weigern, denjenigen unsere Herzen zu öffnen, die anders sind als wir. Rassismus kann seine Wurzeln entweder in Stolz oder in Angst haben, die beide böse sind und die beide der Liebe Gottes entgegengesetzt sind, welche die Grundlage aller Wahrheit ist.

14. Tag
Die Krönung

Dann sprach Gott: Lasst uns Menschen machen als unser Abbild, uns ähnlich. (1. Mose 1,26)

Könnte es jemals eine grössere Ehre geben, als im Ebenbild Gottes geschaffen zu sein? Der Mensch ist die Krönung der Schöpfung Gottes. Der Mensch ist dasjenige Geschöpf, das sein Wesen am ehesten widerspiegelt. Genau darin liegt sogar seine Bestimmung. Wenn es irgendeine Möglichkeit gibt, den Erfolg unseres Lebens zu messen, dann die, inwieweit wir ihn in unserem Leben widergespiegelt haben. Aus diesem Grund lesen wir auch in Römer 8,28–30:

Wir wissen, dass Gott bei denen, die ihn lieben, alles zum Guten führt, bei denen, die nach seinem ewigen Plan berufen sind; denn alle, die er im Voraus erkannt hat, hat er auch im Voraus dazu bestimmt, an Wesen und Gestalt seines Sohnes teilzuhaben, damit dieser der Erstgeborene von vielen Brüdern sei.

Die aber, die er vorausbestimmt hat, hat er auch berufen, und die er berufen hat, hat er auch gerecht gemacht, die er aber gerecht gemacht hat, die hat er auch verherrlicht.

Der Sündenfall hat die langfristigen Pläne und die Bestimmung Gottes für den Menschen nicht aufgehoben, sondern lediglich etwas aufgeschoben. Der Herr hat den Sündenfall sogar noch dazu gebraucht, seine unermessliche Liebe zu erweisen und eine «neue Schöpfung» hervorzubringen, die noch wesentlich über der ersten Schöpfung steht. Alle, die den Sündenfall durch ihren Glauben an das Kreuz Jesu Christi überwinden, werden Miterben mit ihm.

Aus diesem Grund führt **«Gott bei denen, die ihn lieben, alles zum Guten …, bei denen, die nach seinem ewigen Plan**

berufen sind» (Römer 8,28). Uns kann nichts geschehen, was nicht dazu beiträgt, die höhere Bestimmung Gottes in unserem Leben hervorzubringen. Diese höhere Bestimmung ist es nun, Jesus ähnlich zu werden. Jede Prüfung und jedes Problem dient allein dazu, uns in das Bild Jesu zu verwandeln. Wenn wir jetzt unsere Probleme in diesem Licht betrachten, dann werden wir sie verstehen und überwinden können. Wir müssen unter allen Umständen an unserer hohen Berufung festhalten, in das Bild Jesu verwandelt zu werden.

Um diese Veränderung richtig begreifen zu können, müssen wir die Stelle aus 2. Korinther 3,18 richtig verstehen: **«Wir alle spiegeln mit enthülltem Angesicht die *Herrlichkeit des Herrn* wider und werden so in sein eigenes Bild verwandelt, von Herrlichkeit zu Herrlichkeit, durch den Geist des Herrn.»** Wir sollen also «von Herrlichkeit zu Herrlichkeit» verwandelt werden. Das weist auf eine Entwicklung hin, die wir durchlaufen, um in sein Bild verwandelt zu werden. Wir können diese Entwicklung weder beeinflussen noch kontrollieren, denn sie geschieht **«durch den Geist des Herrn».** Alles, was wir tun können, ist, uns ihr auszusetzen und sie zuzulassen. Wir setzen uns ihr aus, indem wir ***«die Herrlichkeit des Herrn»*** betrachten und widerspiegeln. Während wir seine Herrlichkeit betrachten, werden wir in sein Bild verwandelt.

Wenn wir in die Falle tappen, uns selbst verändern zu wollen, dann werden wir immer auf uns selber sehen, statt auf den Herrn. Das wird uns dann unweigerlich in das schwarze Loch der Selbstzentriertheit führen. Selbst wenn wir im Herrn von neuem geboren werden, gibt es immer noch eine Verwandlung, die in unserem Leben stattfinden muss. Auf der anderen Seite werden wir aber niemals verändert werden, wenn wir immer auf die Dinge sehen, die bei uns noch nicht stimmen, sondern allein dadurch, dass wir die Herrlichkeit des Herrn betrachten. Während wir unsere Aufmerksamkeit auf ihn gerichtet halten, werden wir verändert, selbst dann, wenn wir uns dessen oft gar nicht so bewusst sind.

Johannes der Täufer sagte: **«Er muss wachsen, ich aber muss kleiner werden.»** (Joh. 3,30) Viele Menschen haben in ihrem eifrigen Bestreben, diesem edlen Beispiel zu folgen, beschlossen, kleiner zu werden, damit er wachsen kann. Das ist es aber nicht, was Johannes hier sagt. Es ist sogar genau das Gegenteil und wird auch genau die entgegengesetzten Ergebnisse dessen hervorbringen, was wir uns eigentlich erhoffen, nämlich Jesus ähnlich zu sein. Wenn wir versuchen, kleiner zu werden, damit er wachsen kann, dann haben wir immer noch die Kontrolle. Um aber in sein Bild verwandelt zu werden, muss **«er … wachsen»,** und dann werden wir kleiner werden. Wenn wir das Ganze verkehrt herum anpacken, werden wir lediglich mit dem religiösen Geist der Pharisäer enden.

Er wächst in uns, wenn wir seine Herrlichkeit betrachten und nicht unser eigenes Versagen. Der Heilige Geist ist gesandt worden, um uns von Sünde zu überführen, und er wird uns stets auf unsere Sünde hinweisen. Die Lösung liegt immer in Busse und Umkehr. Busse bedeutet nicht nur, sich von Sünde abzuwenden, sondern sie bedeutet gleichzeitig eine Hinwendung zum Herrn. Wenn wir nur den halben Schritt tun und uns von Sünde abwenden, werden wir erneut fallen. Wir müssen uns dem Herrn zuwenden, uns zur Macht seines Kreuzes flüchten, seine Herrlichkeit und sein Wesen betrachten und widerspiegeln. Dann werden wir verändert. Daher dürfen wir, wenn wir sündigen, nicht vom Herrn fliehen, sondern müssen vielmehr zu ihm kommen.

> **Wir haben ja nicht einen Hohepriester, der nicht mitfühlen könnte mit unserer Schwäche, sondern einen, der in allem wie wir in Versuchung geführt worden ist, aber nicht gesündigt hat.**
> **Lasst uns also voll Zuversicht hingehen zum Thron der Gnade, damit wir Erbarmen und Gnade finden und so Hilfe erlangen zur rechten Zeit. (Hebräer 4,15–16)**

15. Tag

Autorität

Sie sollen herrschen über die Fische des Meeres, über die Vögel des Himmels, über das Vieh, über die ganze Erde und über alle Kriechtiere auf dem Land. (1. Mose 1,26)

Der Herr ist der König der Könige und der Herr aller Herren. So kommt es, dass es auch ein Teil des Bildes Gottes für den Menschen ist, dass er über «die ganze Erde» herrschen soll. Da jedoch der überwiegende Teil der Menschheit seit so langer Zeit lieber auf den Teufel hört als auf Gott, kommt es oft dazu, dass wir die Dinge, die wir trotz alledem noch immer tun können, eher auf die Art des Teufels tun als auf Gottes Art. Finstere Autorität denkt immer, dass alles in ihrem Herrschaftsbereich einzig und allein für sie da ist. Göttliche Autorität dagegen besteht um der anderen willen, die sie leitet. Göttliche Autorität ist kein Privileg, sondern eine Verantwortung.

In Römer 6,16 wird ein einfaches Prinzip von Autorität erklärt: **«Ihr wisst doch: Wenn ihr euch als Sklaven zum Gehorsam verpflichtet, dann seid ihr Sklaven dessen, dem ihr gehorchen müsst; ihr seid entweder Sklaven der Sünde, die zum Tod führt, oder des Gehorsams, der zur Gerechtigkeit führt.»** Es ist ein göttliches Prinzip, dass wir immer zum Sklaven dessen werden, dem wir gehorchen. Als Adam Satan gehorchte und vom verbotenen Baum ass, wurde er ebenso zu seinem Sklaven wie der ganze Herrschaftsbereich, der ihm anvertraut worden war. Das Ergebnis davon wird in 1. Johannes 5,19 ganz klar dargestellt: **«Die ganze Welt steht unter der Macht des Bösen.»**

Als das Ebenbild Gottes im Menschen durch den Sündenfall befleckt wurde, verzerrte sich auch die Definition unserer Bestimmung hier auf der Erde. Sobald wir nun erlöst sind und das

Ebenbild Gottes in uns wiederhergestellt wird, werden wir auch die richtige Ausübung von Autorität wiedererlangen. Es liegt in unserem Wesen, zu «herrschen»; wenn wir aber zu herrschen beginnen, ehe wir nach dem Ebenbild Gottes wiederhergestellt sind, dann kann das nur zu einer Perversion von Autorität führen. Wenn wir mehr danach streben, so zu sein wie er, als nach Autorität, dann wird er uns mehr Autorität anvertrauen können. Nur wenn wir es als unser höchstes Ziel im Auge behalten, Jesus immer ähnlicher zu werden, werden wir uns auf dem rechten Pfad befinden, seine Herrschaft über die Erde zurückzuerlangen, nämlich sein kommendes Reich. Wenn wir dies tun, werden wir Autorität auf seine Weise ausüben, nämlich um derer willen und ihm Dienste derer, die geleitet werden, so wie wir es in Matthäus 20,25–28 lesen:

Da rief Jesus sie zu sich und sagte: Ihr wisst, dass die Herrscher ihre Völker unterdrücken und die Mächtigen ihre Macht über die Menschen missbrauchen.

Bei euch soll es nicht so sein, sondern wer bei euch gross sein will, der soll euer Diener sein, und wer bei euch der Erste sein will, soll euer Sklave sein.

Denn auch der Menschensohn ist nicht gekommen, um sich dienen zu lassen, sondern um zu dienen und sein Leben hinzugeben als Lösegeld für viele.

Jesus ist der **«letzte Adam»** (1. Kor.15,45). Er musste Mensch werden, um das zurückzuerlangen, was der Mensch verloren hatte. Wir sehen, wie dieses Thema im Neuen Testament immer wieder angesprochen wird, und da heisst es, dass Jesus nicht nur gekommen ist, um die Welt zu erlösen, sondern auch alles, was sich in Adams Herrschaftsbereich befunden hatte. Das Reich Gottes ist der Ort, an dem die Autorität Jesu anerkannt wird. Es ist nun unsere Berufung, die Botschaft von eben diesem Reich zu verkünden, dass die Erde nämlich bereits erlöst ist. Sobald diese Botschaft vollständig verkündigt ist, wird der König kommen und die Herrschaft über alles antreten, was er mit seinem eigenen Leben erkauft hat. Wir können aber nur dann Botschafter für das Reich Gottes sein, wenn wir selbst Bürger dieses Reiches sind.

Wir müssen bereits jetzt unter der Autorität Jesu leben, wenn wir sein Reich verkündigen wollen.

In Matthäus 8,8–10 wird die Geschichte des Hauptmanns mit dem grossen Glauben erzählt. Dort sehen wir, dass es für ein Leben im Glauben absolut grundlegend ist, ein Verständnis von Autorität zu haben:

Da antwortete der Hauptmann: Herr, ich bin es nicht wert, dass du mein Haus betrittst; sprich nur ein Wort, dann wird mein Diener gesund.

Auch ich muss Befehlen gehorchen, und ich habe selber Soldaten unter mir; sage ich nun zu einem: Geh!, so geht er; und zu einem andern: Komm!, so kommt er; und zu meinem Diener: Tu das!, so tut er es.

Jesus war erstaunt, als er das hörte, und sagte zu denen, die ihm nachfolgten: Amen, das sage ich euch: Einen solchen Glauben habe ich in Israel noch bei niemand gefunden.

Glaube ist die Grundlage für die Autorität, Wunder zu tun. Wir werden nur in dem Masse echte Autorität haben, wie wir selbst unter der Autorität des Königs leben. Echter Glaube ist das Ergebnis von echtem Gehorsam. Wenn wir uns vollständig seiner Autorität unterstellt haben, dann wird er uns auch vollkommene Autorität anvertrauen können.

16. Tag
Einheit

Gott schuf also den Menschen als sein Abbild, als Abbild Gottes schuf er ihn. Als Mann und Frau schuf er sie. (1. Mose 1,27)

Der Mensch war von Anfang an als Mann und Frau geschaffen. Nachdem die Frau vom Mann genommen war, waren sowohl der Mann als auch die Frau nötig, um in Einheit das Bild Gottes zu offenbaren. Kein Mann kann das Bild Gottes vollständig offenbaren, noch kann es irgendeine Frau. Wir brauchen einander; daher liegt auch eine der Hauptstrategien des Teufels darin, Männer und Frauen zu belügen, sie bräuchten einander nicht. So ist auch Homosexualität eine der äussersten Perversionen der Absicht, in der wir geschaffen wurden.

Daher wird der Teufel wenigstens versuchen, die Unterscheidungsmerkmale zwischen Männern und Frauen zu verwischen, wo es ihm schon nicht gelingt, sie in die Homosexualität zu drängen. Er versucht, Männer dahin zu bringen, dass sie wie Frauen sein wollen, und Frauen, dass sie wie Männer sein wollen, so dass es niemals zu wahrer Einheit zwischen ihnen kommen kann. Ein Mann wird nicht dadurch eins mit seiner Frau, dass er versucht, sie in einen Mann zu verwandeln, sondern dadurch, dass er die Unterschiede anerkennt und ehrt. Ebenso kann eine Frau nur da mit ihrem Mann eins werden, wenn sie all das anerkennt und ehrt, was ihn von ihr unterscheidet.

Im Allgemeinen haben Frauen Stärken und Fähigkeiten, die Männer nicht haben, und Männer haben Stärken und Fähigkeiten, die Frauen nicht haben. Dabei geht es hier nicht um Stereotypen. Es geht lediglich darum, anzuerkennen, dass man sowohl geistlich wie auch wissenschaftlich blind sein muss, um die Unterschiede nicht zu sehen. Wir werden dadurch eins – so dass wir das Bild Gottes widerspiegeln können –, indem wir unsere Unterschiede anerkennen und sie als Ergänzungen betrachten, nicht als Widersprüche.

In 2. Korinther 3,18 heisst es: **«Wir alle spiegeln mit enthülltem Angesicht die Herrlichkeit des Herrn wider und werden so in sein eigenes Bild verwandelt, von Herrlichkeit zu Herrlichkeit, durch den Geist des Herrn.»** Um in das Bild des Herrn verwandelt zu werden, müssen wir seine Herrlichkeit *mit enthülltem Angesicht* betrachten. Es gibt viele Schleier, die der Teufel auf die Menschheit legen möchte, damit wir selbst für den Fall, dass wir die Herrlichkeit Gottes sehen, sie lediglich verzerrt wahrnehmen und dadurch auch sein Spiegelbild entstellen. Obgleich das Abbild Gottes sowohl männlich wie auch weiblich ist und es seiner Natur entspricht, uns zu sich zu sammeln wie eine Henne, die ihre Küken unter ihren Flügeln sammelt, so wird Gott in der ganzen Bibel doch immer als «Vater» dargestellt und niemals «Mutter» genannt. Wenn wir diese Tatsache verwässern wollten, dann würden wir sein Bild mit einem sehr dicken Schleier verzerren.

«Vater» bedeutet «Lebensspender». Der Vater gibt den Samen, und die Mutter nährt den Samen. In der Bibel sehen wir die Schöpfung als *eine* Mutter; ebenso werden sowohl Israel als auch die Gemeinde als «Mütter» bezeichnet. Gerade so, wie die Frau von Adam genommen wurde, damit sie wieder zusammenkommen mussten, um das vollständige Bild Gottes zu sein, wird der Herr vollkommen mit seiner Braut vereint werden, um der Schöpfung das wahre Ebenbild seiner Herrlichkeit zu geben. Es kann aber keine Vereinigung geben, wenn wir unsere Unterschiede nicht sehen. Gott ist der Vater, und er ist absolut männlich. Wir dürfen diese grundlegende Wahrheit nicht untergraben, wenn wir seine Herrlichkeit sehen und in sein Bild verwandelt werden wollen.

In unseren Tagen werden die unterschiedlichen Rollen von Männern und Frauen extrem in Frage gestellt. Aber wir wissen dennoch, dass alles, was der Feind zum Bösen geplant hat, bei denen, die Gott lieben, zum Guten gewendet wird. Auch die Gemeinde hat mit dem richtigen Verständnis der Rollen zu kämpfen, die Gott für Männer und Frauen vorgesehen hat. Wir müssen diese Herausforderung nützen, um noch ernsthafter nach der Antwort Gottes auf diese Fragen zu forschen. Sobald Männer zu den Männern werden, zu denen Gott sie berufen hat, und sobald Frauen zu den Frauen werden, zu denen Gott sie berufen hat, wird die ganze Welt in Ehrfurcht vor ihnen stehen, weil sie in ihren Herzen wissen, dass diese Männer und Frauen genau das widerspiegeln, wozu sie ebenfalls berufen sind.

Der Apostel Paulus sagte in 1. Korinther 4,15: **«Hättet ihr nämlich auch ungezählte Erzieher in Christus, so doch nicht viele Väter.»** Dasselbe gilt auch für die Gemeinde heute. Es gibt zwar viele Lehrer, aber nicht viele Väter, die sich fortpflanzen. Daher sterben auch oft grosse Gemeinden und Bewegungen mit dem Tod ihrer Gründer. Sie haben ihren Dienst nicht in andere Menschen eingepflanzt, sonst hätte der Dienst ja Bestand und würde sich weiter ausbreiten. Ein Grund, weshalb es nicht viele geistliche Väter in der Gemeinde gibt, ist der, dass es auch eine Frau geben muss, damit jemand zum Vater werden kann. Bis zu der Zeit, in der die Frauen den ihnen zukommenden Platz in der Gemeinde einnehmen können, wird es nur eine sehr eingeschränkte Fortpflanzung geben. Dies ist in unserer Zeit ein äusserst wichtiges Thema. Es ist offensichtlich, dass die Welt in immer tiefere Verderbtheit fällt, was die Befreiung der Frau angeht, wenn die Gemeinde nicht die echte Befreiung der Frau ergreift und fördert. Niemand sehnt sich mehr danach, Frauen zu befreien, als der Herr. Auch die Männer werden erst dann wahrhaft befreit sein, wenn es die Frauen sind. Wenn irgendein Teil des Leibes sich noch in Gefangenschaft befindet, dann sind wir alle gefangen.

17. Tag

Der Auftrag

Gott segnete sie, und Gott sprach zu ihnen: Seid fruchtbar, und vermehrt euch, bevölkert die Erde, unterwerft sie euch, und herrscht über die Fische des Meeres, über die Vögel des Himmels und über alle Tiere, die sich auf dem Land regen.
Dann sprach Gott: Hiermit übergebe ich euch alle Pflanzen auf der ganzen Erde, die Samen tragen, und alle Bäume mit samenhaltigen Früchten. Euch sollen sie zur Nahrung dienen.
Allen Tieren des Feldes, allen Vögeln des Himmels und allem, was sich auf der Erde regt, was Lebensatem in sich hat, gebe ich alle grünen Pflanzen zur Nahrung. So geschah es.
Gott sah alles an, was er gemacht hatte: Es war sehr gut. Es wurde Abend, und es wurde Morgen: der sechste Tag. (1. Mose 1,28–31)

Wiederum segnete der Herr seine Schöpfung und befahl ihr, fruchtbar zu sein, die Erde zu bevölkern, sie zu unterwerfen und darüber zu herrschen. Der Segen des Herrn bleibt bestehen, und selbst nach dem Ungehorsam des Menschen war der Segen immer noch auf ihm, alle diese Dinge zu vollbringen. Er war fruchtbar und vermehrte sich, hat die Erde bevölkert, unterwarf sie und herrschte darüber. Nachdem Gott den Menschen genau dafür geschaffen hat, ist es nicht falsch. Manche scheinen zu glauben, dass alles, was der Mensch tut, unnatürlich ist. Aber auch der Mensch ist ein Teil der Natur. Die Erde kann nicht in die ganze Fülle kommen, zu der sie geschaffen wurde, wenn der Mensch sie nicht bevölkert, unterwirft und darüber herrscht, so wie der Herr es von Anfang an geplant hatte.

Aber weil die Natur des Menschen durch Sünde pervertiert wurde und der Tod als grausame Realität durch Sünde in die Welt gekommen ist, wurde auch die Art, wie der Mensch die Erde unterworfen und darüber geherrscht hat, durch seine Selbstsucht schrecklich verzerrt. Wie wir bereits erwähnt haben, war die Art der Herrschaft, die der Herr ursprünglich geplant hatte, nicht durch Dominanz, sondern durch Dienen geprägt. Der Mensch sollte um der Schöpfung willen über sie herrschen. Sobald der Mensch erlöst und wiederhergestellt ist, wird auch die Integrität dieser Herrschaft wiederhergestellt.

Wenn der «letzte Adam», Jesus, zurückkehrt, um seine Herrschaft aufzurichten, dann wird das auch die Wiederherstellung des ursprünglichen Auftrags an den ersten Adam sein. Wie bereits Jesaja über das kommende Reich Gottes prophezeite (Jesaja 11,6–9):

Dann wohnt der Wolf beim Lamm, der Panther liegt beim Böcklein. Kalb und Löwe weiden zusammen, ein kleiner Knabe kann sie hüten.
Kuh und Bärin freunden sich an, ihre Jungen liegen beieinander. Der Löwe frisst Stroh wie das Rind.
Der Säugling spielt vor dem Schlupfloch der Natter, das Kind streckt seine Hand in die Höhle der Schlange.
Man tut nichts Böses mehr und begeht kein Verbrechen auf meinem ganzen heiligen Berg; denn das Land ist erfüllt von der Erkenntnis des Herrn, so wie das Meer mit Wasser gefüllt ist.

Das ist eine grössere Hoffnung, als sie selbst die optimistischsten Philosophen in ihren Utopien erträumen konnten. Das ist die gewisse Hoffnung, die wir in Jesus Christus haben. Diese Hoffnung wird uns nicht enttäuschen. Wie bereits Petrus sagte, wird es eine **«Wiederherstellung von allem»** geben, daher soll dies für uns gelten:

Also kehrt um und tut Busse, damit eure Sünden getilgt werden
und der Herr Zeiten des Aufatmens kommen lässt und Jesus sendet als den für euch bestimmten Messias.

Ihn muss freilich der Himmel aufnehmen bis zu den Zeiten der Wiederherstellung von allem, die Gott von jeher durch den Mund seiner heiligen Propheten verkündet hat. (Apostelgeschichte 3,19–21)

Je mehr wir zu Jesus zurückkehren und je näher wir ihm kommen, desto gerechter werden wir in unserer Herrschaft werden. Sobald Menschen wiederhergestellt werden, in Gerechtigkeit zu herrschen, wird die Ordnung und Harmonie der ganzen Schöpfung wiederhergestellt. Die ganze Erde wird wie der ursprüngliche Garten Eden werden. Es wird keinen Hunger, keine Kriege, keinen Kindesmissbrauch, keine Krankheiten und keinen Tod mehr geben. Das Werk, das Jesus am Kreuz vollbracht hat, diente der **«Wiederherstellung von allem».** Durch den ganzen Verlauf der Menschheitsgeschichte hat die ganze Schöpfung nicht nur die Folgen der Sünde kennen gelernt, sondern auch die unermessliche Grösse der Liebe und Vergebung Gottes.

Wenn all dies nun von Jesus am Kreuz vollbracht wurde, weshalb hat er dann nicht gleich Satan ein für alle Mal gebunden, ihn in den Feuersee geworfen und sofort nach seiner Auferstehung damit begonnen, alle Dinge wiederherzustellen? Es war ebenso Teil seines ursprünglichen Planes, sich eine Braut zuzubereiten, eine Königin, die zusammen mit ihm über das kommende Zeitalter herrschen sollte. Diese Königin musste sich nun zuerst vor den Engeln, Fürsten und Gewalten im Himmel solch grosser Autorität würdig erweisen. Die Braut des ersten Adam hatte in einer vollkommenen Welt gelebt und wählte dennoch die Sünde. Die Braut des letzten Adam wird in den schlimmsten aller Zeiten leben, aber sie wird auch im Angesicht des grössten Widerstandes Gehorsam wählen. So wird die ganze Schöpfung erkennen, dass sie, die Gemeinde, würdig ist, zusammen mit dem Lamm zu herrschen.

18. Tag
Der Sabbat

So wurden Himmel und Erde vollendet und ihr ganzes Gefüge.
Am siebten Tag vollendete Gott das Werk, das er geschaffen hatte, und er ruhte am siebten Tag, nachdem er sein ganzes Werk vollbracht hatte.
Und Gott segnete den siebten Tag und erklärte ihn für heilig; denn an ihm ruhte Gott, nachdem er das ganze Werk der Schöpfung vollendet hatte.
Das ist die Entstehungsgeschichte von Himmel und Erde, als sie erschaffen wurden. (1. Mose 2,1–4)

Da der Mensch am Ende des sechsten Tages geschaffen wurde, war sein erster vollständiger Tag der siebte Tag der Schöpfung; der Tag, an dem Gott ruhte. Wenn der Mensch mit Gott Gemeinschaft haben wollte, musste er von Anfang an in die Ruhe Gottes kommen. Das ist auch heute noch grundlegend für echte Gemeinschaft mit Gott. Deshalb wird in Hebräer 3–4 auch das verheissene Land mit der Ruhe Gottes gleichgesetzt. Gott schuf den Menschen so, dass er Ruhe braucht. Die Ruhe, die er benötigt, ist aber mehr als reiner Schlaf.

In Psalm 46,11 sagt der Herr: **«Lasst ab, und erkennt, dass ich Gott bin.»** Wenn wir uns in einem beständigen Kampf befinden, zeigt das, dass wir Gott noch nicht als den kennen, der er wirklich ist. Wenn wir ihn so kennen, wie er wirklich ist, dann wissen wir, dass er über aller Autorität, Macht und Herrschaft steht. Wenn wir ihn so kennen, wie er wirklich ist, dann können wir vertrauen, dass ihm nichts entgleitet und dass er wirklich alles zu unserem Besten dienen lassen wird. Das bringt Ruhe, Sicherheit und Frieden mit sich, die für alle die unverständlich sind, die den Herrn nicht kennen. Frieden und Ruhe in jeder Situation und allen Umständen sollten das Kennzeichen eines jeden Gläubigen sein.

Kampf ist immer das Ergebnis von Sorge, und Sorge ist immer das Ergebnis, wenn wir keinen Glauben an Gott haben. Das ist Sünde, wie wir auch in Römer 14,23 lesen: **«Alles, was nicht aus Glauben geschieht, ist Sünde.»** In 1. Petrus 5,6–7 lesen wir: **«Beugt euch also in Demut unter die mächtige Hand Gottes, damit er euch erhöht, wenn die Zeit gekommen ist. *Werft* alle *eure Sorge auf ihn,* denn er kümmert sich um euch.»** Wir demütigen uns selbst vor Gott, indem wir alle unsere Sorgen auf ihn werfen. Sorgen sind Stolz, und es ist Stolz, wenn wir meinen, es gäbe ein Problem, das für Gott zu gross wäre und wir es daher selbst in Ordnung bringen müssten.

Es war Glauben nötig, um in das verheissene Land hineinzugelangen. Zweifel liess eine ganze Generation in der Wüste umkommen. Ebenso erreichen viele Christen die Verheissungen Gottes in ihrem Leben nicht, weil sie es zulassen, von Zweifeln kontrolliert zu werden, anstelle von Glauben. Eine der wichtigsten Arten, wie wir unseren Glauben beweisen, ist es, in den Verheissungen Gottes zu ruhen und in dem Wissen, wer er ist. Wenn wir ihm wirklich vertrauen, werden wir Ruhe und Frieden haben, selbst mitten in unseren Problemen und Prüfungen.

In Hesekiel 44,18 wird uns über die Priester gesagt: **«Sie sollen einen Kopfbund aus Leinen aufsetzen und leinene Hosen anziehen; sie sollen keine Kleider tragen, in denen man schwitzt.»** Schweiss ist immer das Ergebnis davon, wenn wir unsere eigene Kraft einsetzen. Deshalb spricht Schweiss auch immer von einem Dienst, der unserer eigenen Anstrengung entspringt. Wenn wir Priester des Herrn sein wollen, dann dürfen wir nichts tragen, das uns zum Schwitzen bringt. Der Herr mahnt uns in Matthäus 11,28–30:

> **Kommt alle zu mir, die ihr euch plagt und schwere Lasten zu tragen habt. Ich werde euch Ruhe verschaffen. Nehmt mein Joch auf euch und lernt von mir, denn ich bin gütig und von Herzen demütig; *so werdet ihr Ruhe finden für eure Seele.***

Denn mein Joch drückt nicht, und meine Last ist leicht.

Ein Joch bedeutet immer Arbeit, aber wenn wir im gleichen Joch mit dem Herrn gehen, dann wird es seine Kraft sein, die die Arbeit erledigt, und wir werden einfach mitgenommen, um dabei zu sein! Der Geist, den er uns gegeben hat, wird die Arbeit tun, so wie er es von Anfang an immer getan hat. Uns wird in der Apostelgeschichte 7,48 gesagt: **«Der Höchste wohnt nicht in dem, was von Menschenhand gemacht ist.»** Ebenso erklärt Paulus den Männern von Athen in der Apostelgeschichte 17,25: **«Er lässt sich auch nicht von Menschen bedienen, als brauche er etwas.»** Selbst unsere grössten Anstrengungen werden nicht das Geringste für ihn ausrichten. Wir sind lediglich berufen, zu gehorchen und in ihm zu bleiben. Wenn wir in ihm ruhen, dann wird er sich durch uns bewegen, und dann werden wir wahre Ruhe und Erfrischung finden, während er das Werk tut.

In seinem Ruf erkennen wir, dass wir in demselben Joch gehen müssen wie er. Wenn wir dies tun, lernen wir Güte und Demut von ihm. Wenn wir von diesen beiden Eigenschaften des Herrn abweichen, dann werden wir wieder in unserer eigenen Kraft arbeiten. Sobald wir anfangen zu schwitzen und zu kämpfen, erkennen wir, dass wir nicht mehr in ihm bleiben, und von der Ruhe abgewichen sind, die wir in ihm haben. Wenn wir in seiner Ruhe bleiben, dann werden wir immer erfrischt sein, nicht ausgelaugt.

19. Tag
Gott und Mensch

Zur Zeit, als Gott, der Herr, Erde und Himmel machte, gab es auf der Erde noch keine Feldsträucher und wuchsen noch keine Feldpflanzen, denn Gott, der Herr, hatte es auf die Erde noch nicht regnen lassen, und es gab noch keinen Menschen, der den Ackerboden bestellte; aber Feuchtigkeit stieg aus der Erde auf und tränkte die ganze Fläche des Ackerbodens.
Da formte Gott, der Herr, den Menschen aus Erde vom Ackerboden und blies in seine Nase den Lebensatem. So wurde der Mensch zu einem lebendigen Wesen.
(1. Mose 2,4–7)

Weshalb sprach Gott den Menschen nicht einfach in Existenz, so wie er es mit allen anderen Teilen der Schöpfung getan hatte? Statt dessen formte er den Menschen und gab ihm seine Gestalt, wie es ein Töpfer mit dem Ton tut. Dann blies er sein eigenes Leben in den Menschen hinein. Das Wort, das in diesem Text mit «Lebensatem» übersetzt wird, ist das hebräische Wort *neshamah* (nesch-ah-mah'), das man auch mit «göttliche Eingebung» oder «Intellekt» übersetzen könnte. Der Mensch sollte als Abbild Gottes geschaffen werden, nicht nur in der äusseren Erscheinung, sondern er sollte auch etwas von seiner eigenen Fähigkeit zu denken und zu erkennen erhalten. Der Mensch sollte eine einzigartige Stellung in der Schöpfung einnehmen.

Der Mensch wurde aus Erde geformt, und die Erde sollte sein Herrschaftsbereich sein; aber er wurde auch mit einem Herzen geboren, das sich nach dem Gott sehnt, der ihn geschaffen hat. Gott ist Geist, und der Mensch wurde geschaffen, um eine besondere Gemeinschaft mit Gott zu haben, der Geist ist. Deshalb gibt es auch ein geistliches Vakuum in jedem Menschen, das allein durch die Gemeinschaft mit Gott wahrhaft gefüllt werden kann.

Der Mensch ist natürlich und von der Erde geboren, aber er erhielt seinen Lebensfunken von Gott, der übernatürlich ist. Daher ist in jedem Menschen ein Verlangen nach dem Übernatürlichen angelegt. Wenn dieser geistliche Hunger und diese Neigung zum Übernatürlichen nicht von der Beziehung zu Gott ausgefüllt wird, dann hat die Menschheit in ihrer Geschichte immer wieder die Bereitschaft bewiesen, diese Leere mit den niedrigsten Formen des Spiritismus und den dämonischen Kräften des übernatürlichen Bereiches zu füllen. Es gibt ein Sprichwort, das besagt: «Wenn du einem Menschen das Essen verweigerst, wird er Gift essen.» Der Mensch muss eine Beziehung zu Gott haben.

Ohne Gott werden uns selbst unsere heldenhaftesten Anstrengungen und unsere grössten Erfolge leer zurücklassen. Wir sind für ihn geschaffen, und jeder Atemzug, den wir tun, sehnt sich nach dem Einen, der ihn uns gegeben hat. Wir sind für ihn geschaffen, und wir werden ohne ihn niemals vollständig sein. Jeder einzelne Moment der sechstausend Jahre Menschheitsgeschichte unterstreicht diese Wahrheit mit allem Nachdruck. Wir haben versucht, alles andere an die Stelle Gottes zu setzen. Aber inzwischen wissen wir, dass es besser ist, alles andere zu verlieren, wenn wir nur unsere Beziehung zu ihm behalten.

Gemeinschaft mit Gott ist grundlegend und lebensnotwendig für unser Sein, und gleichzeitig ist sie auch ein unbeschreibliches Vorrecht. Was könnte begeisternder und spannender sein als Gemeinschaft mit dem Allmächtigen? Was könnte jemals interessanter sein? Schon König David fragte, weshalb Gott überhaupt an den Menschen interessiert sein sollte. Es mag schwer zu verstehen sein, aber Gott liebt uns und möchte uns nahe sein. Wir sind zur Freude Gottes geschaffen! Der Eine, der den Himmel aufspannt wie ein Zelt, geniesst es, den Menschen nahe zu sein. Ist es da nicht unsere grösste und tragischste Torheit, wenn wir diese unbegreifliche Gelegenheit nicht ergreifen, Gemeinschaft mit ihm zu haben?

In 1. Korinther 1,6–9 fasst der Apostel all das in erstaunlicher Prägnanz und Kürze zusammen:

Denn das Zeugnis über Christus wurde bei euch gefestigt, so dass euch keine Gnadengabe fehlt, während ihr auf die Offenbarung Jesu Christi, unseres Herrn, wartet.

Er wird euch auch festigen bis ans Ende, so dass ihr schuldlos dasteht am Tag Jesu, unseres Herrn.

Treu ist Gott, durch den ihr berufen worden seid zur Gemeinschaft mit seinem Sohn Jesus Christus, unserem Herrn.

Das Zeugnis über Christus wird in uns gefestigt, wenn uns keine Gnadengabe fehlt. Die Gaben des Geistes werden in 1. Korinther 12,4–12 aufgezählt, und in Vers 31 wird uns gesagt: **«Strebt aber nach den höheren Gnadengaben!»**

In 1. Korinther 14,1 heisst es: **«Jagt der Liebe nach! Strebt aber auch nach den Geistesgaben, vor allem nach der prophetischen Rede!»** Jesus gebrauchte alle Gaben des Geistes in seinem Dienst. Daher wird das Zeugnis, dass Jesus ganz durch uns wirkt, dadurch bestätigt, dass alle Gaben des Geistes durch uns fliessen. Das gilt nicht nur für den Einzelnen, sondern für die ganze Gemeinschaft. Er hat die Gaben an Einzelne verteilt, so dass wir zusammenkommen müssen, damit sein vollständiges Zeugnis durch uns bestätigt werden kann.

Es ist richtig, wenn wir nach den Geistesgaben «streben». Es erfüllt das Verlangen nach dem Übernatürlichen, das in jeder menschlichen Seele angelegt ist, weil wir dazu geschaffen wurden, Gemeinschaft mit einem übernatürlichen Gott zu haben. Durch die Bewegung des Geistes, der uns gegeben ist, haben wir Gemeinschaft mit Jesus. Wenn sich der Geist durch uns bewegt, um zu heilen, werden wir von seiner Barmherzigkeit für die Kranken berührt. Wenn er durch uns ein prophetisches Wort spricht, dann werden wir von dem berührt, was auf seinem Herzen ist, usw. Durch die Geistesgaben können wir Gemeinschaft mit Gott haben, der Geist ist.

20. Tag
Arbeit

Dann legte Gott, der Herr, in Eden, im Osten, einen Garten an und setzte dorthin den Menschen, den er geformt hatte.
Gott, der Herr, liess aus dem Ackerboden allerlei Bäume wachsen, verlockend anzusehen und mit köstlichen Früchten, in der Mitte des Gartens aber den Baum des Lebens und den Baum der Erkenntnis von Gut und Böse.
Gott, der Herr, nahm also den Menschen und setzte ihn in den Garten von Eden, damit er ihn bebaue und hüte. (1. Mose 2,8–9+15)

Der Herr bereitete mit grosser Sorgfalt und Liebe die perfekte Umgebung für den Menschen vor. Er hatte den Menschen geschaffen und wusste genau, was für ihn am besten wäre und was ihm Spass machen würde. Er hatte den Menschen ausserdem noch dazu geschaffen, seine eigene Umgebung zu bebauen, und das würde Arbeit erfordern. Manche Menschen meinen irrtümlich, dass Arbeit ein Teil des Fluches sei. Aber der Mensch arbeitete bereits vor dem Sündenfall im Garten. Arbeit war niemals ein Teil des Fluches; «Mühsal» war der Fluch. Mühsal ist etwas anderes als Arbeit. Sich zu mühen bedeutet, die Dinge nur durch harte und schmerzvolle Arbeit bewältigen zu können. Mühsal bedeutet den Widerstand der Schöpfung, an Stelle ihrer Mitarbeit.

Der Mensch war für die Gemeinschaft mit Gott geschaffen und dafür, den Ackerboden zu bebauen. Folglich ist der Mensch also geschaffen, um zu arbeiten; sinnvolle Arbeit ist auch heute noch grundlegend für das Wohlbefinden und die innere Erfüllung des Menschen. Die Betonung liegt hierbei auf «sinnvoll». Es war der Plan Gottes, dass wir aus unserer Arbeit eine tiefe Befriedigung gewinnen sollten. Wenn wir in unserem Leben nichts Sinnvolles erreichen, dann wird sich ein weiteres Loch auftun, das uns leer und orientierungslos werden lässt. Daher ist es also ungemein wichtig, dass jeder Mensch eine sinnvolle Arbeit findet.

Es gibt zwei hebräische Wörter, die in diesem Kapitel mit dem einen deutschen Wort «bebauen» übersetzt werden. Zum einen ist es das Wort *'bad* (ah-bad'), das «dienen, ackern» usw. bedeutet. Das andere Wort ist *shamar* (schah-mar'), das «umgeben, bewachen, beschützen» usw. bedeutet. Beide beschreiben Eigenschaften, die dem Menschen angeboren sind. Wie wir etwas weiter vorne in 1. Mose 2,5 gelesen haben: **«Es gab auf der Erde noch keine Feldsträucher und wuchsen noch keine Feldpflanzen; denn Gott, der Herr, hatte es auf die Erde noch nicht regnen lassen, und es gab noch keinen Menschen, der den Ackerboden bestellte.»** Der Herr hatte also sogar noch einen Teil seiner geplanten Schöpfung zurückgehalten, damit der Mensch dazu beitragen konnte, ihn hervorzubringen.

Es ist ein Teil unseres Wesens, das zu nehmen, was der Herr uns gegeben hat, und ihm dann unsere eigene Note hinzuzufügen. Das mag einigen vielleicht lästerlich erscheinen, aber nur dann, wenn wir nicht verstehen, dass der Herr genau aus diesem Grund einige Arbeit für den Menschen übrig gelassen hat, damit er seinem kreativen Wesen Ausdruck verleihen kann, das Gott in ihn hineingelegt hat. Gott wollte die persönliche Note des Menschen in seinem Garten haben. Er wollte, dass der Mensch in seinem Herzen «Mitbesitzer» sein sollte, damit er dadurch motiviert wäre, diesen Garten zu pflegen und zu schützen. Selbstverständlich sollte er dies mit Gott zusammen tun, aber der Herr wollte, dass der Mensch seinen Teil dazu beitragen sollte.

Es liegt in unserer Natur, nach Wegen zu suchen, wie wir den Dingen unsere persönliche Note geben und sie verbessern können, und dann die Bereiche zu beschützen, die uns anvertraut sind. Wie es mit allen anderen Gaben und Eigenschaften der Fall ist, ist es auch hier: Wenn sie nicht auf die richtige Weise gebraucht werden, dann werden sie missbraucht; wenn sie nicht gebraucht werden, um aufzubauen, dann werden sie missbraucht, um zu zerstören. Aber grundlegend wurde der Mensch dazu geschaffen, um kreativ zu sein. Das ist ein elementarer Bestandteil des Bildes Gottes, das uns gegeben ist.

Der Mensch ist berufen, in Gott zu ruhen, aber ebenso müssen wir mit Gott arbeiten. In dieser Arbeit müssen wir das finden, wozu er uns geschaffen. In Epheser 1,4 wird uns gesagt: **«In ihm hat er uns vor der Erschaffung der Welt erwählt, damit wir heilig und untadelig leben vor Gott. In Liebe.»** (Übersetzung aus dem Englischen) Wir waren von Gott erkannt und erwählt, noch ehe er die Welt geschaffen hat. Dieser Gott, der so präzise und genau arbeitet, wusste auch genau, zu welchem Zweck er uns geschaffen hatte. Jeder Einzelne von uns hat eine spezifische Aufgabe, eine besondere Berufung. Wir werden keinen wahren Frieden und keine echte Befriedigung in unserem Leben finden, bis wir unsere Berufung erfüllen.

Wie können wir wissen, welches unsere Berufung ist? Es kann sein, dass ich es hier etwas zu stark vereinfacht darstelle, aber wir können es in den letzten beiden Wörtern von Epheser 1,4 erkennen: **«in Liebe».** Weil wir mit Blick auf unsere Bestimmung geschaffen wurden, wird auch das, wozu wir berufen sind, immer das sein, was wir am liebsten tun. In Johannes 7,38 wird uns gesagt: **«Wer an mich glaubt. Wie die Schrift sagt: Aus seinem Inneren werden Ströme von lebendigem Wasser fliessen.»** Das lebendige Wasser kann nur aus unserem Herzen kommen, wo unsere grösste Liebe sitzt.

Gott hat uns geschaffen und dazu berufen, das zu tun, wonach wir uns in unserem Herzen am meisten sehnen. Aber die meisten Menschen sind so sehr von den Erwartungen und Jochen anderer Menschen gebunden, dass sie in ihrem Sinn erst vollständig «erneuert» werden müssen, ehe sie das Joch erkennen können, zu dem sie der Herr wirklich berufen hat. Deshalb müssen wir bei diesem Unterfangen Ausdauer zeigen, und wir dürfen nicht aufgeben, bevor wir nicht in dem Frieden und der Erfüllung leben, die wir nur dort erfahren können, wo wir das tun, zu dem wir berufen sind.

21. Tag

Die Prüfung

Dann gebot Gott, der Herr, dem Menschen: Von allen Bäumen des Gartens darfst du essen, doch von dem Baum der Erkenntnis von Gut und Böse darfst du nicht essen; denn sobald du davon isst, wirst du sterben. (1. Mose 2,16–17)

Der Herr hat den verbotenen Baum nicht in den Garten gepflanzt, um den Menschen zu Fall zu bringen. Er pflanzte ihn in den Garten, um dem Menschen die Möglichkeit zu geben, seinen Gehorsam und seine Hingabe an Gott zu beweisen. Es kann keinen wahren Herzensgehorsam geben, wenn es nicht auch die Möglichkeit zum Ungehorsam gibt. Der Herr hat es so eingerichtet, dass der Mensch Entscheidungen treffen muss. Wir sind für die Gemeinschaft mit Gott und für fruchtbare Arbeit geschaffen. Der Mensch wurde auch noch geschaffen, frei zu sein, und wir werden nie völlig erfüllt sein, solange wir nicht frei sind.

Freiheit ist der ursprüngliche Zustand des Menschen. Gleichzeitig ist die Freiheit aber auch schwierig. Wir können keine Freiheit haben, ohne dabei die Verantwortung zu übernehmen, die sich aus der Freiheit ergibt. Die Freiheit, die Gott dem Menschen gegeben hat, um aussergewöhnliche Dinge zu vollbringen, kann ebenso zu tragischen Fehlern führen. Fehler haben Folgen. Bei alledem können wir aber unserer Berufung zur Freiheit nicht entgehen. Vielleicht wäre es einfacher, mit jemandem zu leben, der alle wichtigen Entscheidungen für uns trifft, aber ohne Freiheit werden wir lediglich ständig nur frustriert und tief in unserem Wesen erstickt sein, weil wir ja geschaffen wurden, um frei zu sein.

Wir werden die Momente der grössten Erfüllung in unserem Leben dort erfahren, wo wir die Initiative ergreifen, eine gute Entscheidung treffen und die Frucht davon sehen. Die entmutigendsten und verletzendsten Erfahrungen entstehen dort, wo wir uns entscheiden, das Falsche zu tun. Um das Letztere zu vermeiden, entscheiden sich viele Menschen für ein Leben der Gebundenheit in Kulten oder autoritären Gruppen, die alle Entscheidungen für ihre Leute treffen. Wie aber schon das deutsche Volk nach dem Zweiten Weltkrieg gelernt hat, führt das zu noch schlimmeren Konsequenzen. Wir sind für die Freiheit geschaffen worden, und ohne sie können wir niemals zu den Menschen werden, als die wir eigentlich geschaffen wurden. Lassen Sie uns die grosse Verantwortung annehmen, die ein Teil der Freiheit ist, und lassen Sie uns die richtigen Entscheidungen treffen.

Viele Menschen fallen in Gebundenheit, weil sie versuchen, unter dem Gesetz zu leben, um der Verantwortung der Freiheit zu entgehen. Wir denken oft an das Alte Testament als das Gesetz und an das Neue Testament als Gnade, aber das ist nicht unbedingt immer richtig. Der Alte Bund ist der Buchstabe, und der Neue Bund ist der Geist. Wenn der Neue Bund ohne den Geist gelesen wird, dann ist auch er nur Gesetz. So werden die Menschen dann auch versuchen, Gerechtigkeit zu erreichen, indem sie den Buchstaben erfüllen, statt danach zu trachten, in Christus zu bleiben.

Das Alte und das Neue Testament sind das geschriebene Wort Gottes an uns. So wie Jesus es selbst sagte, dass **«die Schrift nicht aufgehoben werden kann»** (Joh. 10,35), bedeutet es, dass sie eine einzige Einheit bilden. Es ist sogar so, dass überall dort, wo im Neuen Testament «die Schrift» erwähnt wird, die Bücher des Alten Testaments gemeint sind, da das Neue Testament zu dieser Zeit erst geschrieben wurde. Das Alte Testament ist das Fundament für den Glauben des Neuen Testaments. Die Schriften des Alten Testaments sind die Grundlage für die Lehren, auf welche die Gemeinde ebenso erbaut ist wie das Evangelium des Reiches Gottes, wie es uns in Römer 16,25–26 und Apostelgeschichte 28,23 gesagt wird. Selbstverständlich waren es auch die Bücher, die wir das Alte Testament nennen, die Jesus gebrauchte und auf die er sich in all seinen Predigten bezog, wie wir es in Lukas 24,25–27 sehen:

Da sagte er zu ihnen: Begreift ihr denn nicht? Wie schwer fällt es euch, alles zu glauben, was die Propheten gesagt haben.
Musste nicht der Messias all das erleiden, um so in seine Herrlichkeit zu gelangen?
Und er legte ihnen dar, ausgehend von Mose und allen Propheten, was in der gesamten Schrift über ihn geschrieben steht.

In Johannes 5,46–47 macht er darüber eine wichtige Aussage:
Wenn ihr Mose glauben würdet, müsstet ihr auch mir glauben; denn über mich hat er geschrieben.
Wenn ihr aber seinen Schriften nicht glaubt, wie könnt ihr dann meinen Worten glauben?

Wenn der Eine, der selbst das Wort ist, Schriftstellen gebrauchte, um alle seine Lehren zu belegen, um wie viel mehr müssen wir uns ihnen widmen? Aber dennoch ist es so, dass wir das Neue Testament lediglich in ein weiteres Gesetz verwandeln, wenn wir in unserem Bestreben, der Bibel getreu zu leben, irgendetwas verbieten, nur weil es nicht ausdrücklich im Neuen Testament beschrieben ist. Es ist nicht dazu gedacht, uns auf diese Weise zu binden, sondern ganz im Gegenteil sollte es uns frei machen, alles zu tun, was nicht ausdrücklich darin verboten ist. Das bedeutet nicht, dass alles, was nicht ausdrücklich verboten ist, richtig ist, aber es überträgt uns die Verantwortung, die Stimme des Herrn zu kennen und seinem Heiligen Geist zu folgen. Es ist eine grosse Verantwortung, aber ohne sie können wir nicht in einer echten Beziehung zu ihm leben. Ohne diese Freiheit wären wir immer noch mit dem Gesetz verheiratet. Paulus erklärt uns dazu in Galater 5,4: **«Wenn ihr also durch das Gesetz gerecht werden wollt, dann habt ihr mit Christus nichts mehr zu tun; ihr seid aus der Gnade herausgefallen.»** Daher gilt auch: **«Zur Freiheit hat uns Christus befreit. Bleibt daher fest und lasst euch nicht von neuem das Joch der Knechtschaft auflegen.»** (Gal. 5,1)

22. Tag
Gemeinschaft

Dann sprach Gott, der Herr: Es ist nicht gut, dass der Mensch allein bleibt, ich will ihm eine Hilfe machen, die ihm entspricht.
Gott, der Herr, formte aus dem Ackerboden alle Tiere des Feldes und alle Vögel des Himmels und führte sie dem Menschen zu, um zu sehen, wie er sie nennen würde. Und wie der Mensch jedes lebendige Wesen benannte, so sollte es heissen.
Der Mensch gab Namen allem Vieh, den Vögeln des Himmels und allen Tieren des Feldes. Aber eine Hilfe, die dem Menschen entsprach, fand er nicht. (1. Mose 2,18–20)

Der Mensch wurde als Gemeinschaftswesen geschaffen. Gott sagte: **«Es ist nicht gut, dass der Mensch allein bleibt.»** Es ist interessant zu beobachten, dass der Mensch einsam war, obwohl er mit Gott Gemeinschaft hatte. Das bedeutet also, dass Gott allein für den Menschen nicht ausreichte. Das mag ein schockierender Gedanke sein, aber Gott schuf den Menschen so, dass er Gemeinschaft mit ihm und zugleich mit seinesgleichen benötigte.

Der Herr gestattete es dem Menschen, die ganze Schöpfung nach einer Hilfe zu durchsuchen, die ihm entsprach, aber er konnte keine finden. Der Herr kennt das Ende von Anfang an; weshalb hat er dem Menschen nicht gleich gesagt, dass keiner dieser Helfer der von ihm gesuchte sein würde, und ihn dann in einen tiefen Schlaf fallen lassen und die Frau hervorgebracht? Es geschah aus dem gleichen Grund, aus dem der Herr es oft zulässt, dass wir auf unserer Suche nach Erfüllung vielen Dingen nachjagen, auch wenn er weiss, dass es vergeblich sein wird. Der Herr hat den Menschen zur Freiheit geschaffen, und er wird diese

Freiheit niemals verletzen. Der Herr hatte bereits gesagt, er würde eine geeignete Hilfe für den Menschen schaffen, aber der Mensch musste dennoch selbst suchen, und der Herr liess es zu. Er wird auch uns vielen fruchtlosen Unternehmungen nachjagen lassen, wenn wir darauf bestehen, uns selbst etwas beweisen zu müssen.

Viele verbringen ihr Leben immer noch mit derselben Suche wie Adam. Sie betrachten Frauen vielleicht als Sexualobjekte, aber niemals als die Quelle von Gemeinschaft, die die tiefsten Nöte ihres Herzens berühren und alle Einsamkeit heilen kann. Daher suchen Männer oft Erfüllung in ihrem Beruf, in Sport, Hobbys, Tierzucht und anderen Dingen. Diese Dinge sind nicht unbedingt schlecht und können uns auch bis zu einem gewissen Grad erfüllen, aber keines dieser Dinge wird jemals dafür geeignet sein, die Leere zu füllen, die nur durch die entsprechende Hilfe und Gefährtin gefüllt werden kann.

Wir dürfen aber auf der anderen Seite unsere Gemeinschaft mit unserem Partner nicht über die Gemeinschaft mit Gott stellen. Wir benötigen ihn mehr. Und dennoch wird es immer ein Loch in unserem Herzen geben, das nur durch die richtige Beziehung zu unserem Partner gefüllt werden kann. Wir müssen Gemeinschaft mit Gott und unserem Partner haben, um vollständig zu sein. Die richtige Beziehung zwischen einem Mann und einer Frau ist die wunderbare Beziehung, die Gott geschaffen hat, damit wir unsere Vereinigung mit ihm besser verstehen können. Diese Beziehung ist notwendig, aber sie kann niemals die grössere Notwendigkeit und das Bedürfnis nach ihm ersetzen.

Wenn wir Gott nicht mehr lieben als unseren Partner, dann werden wir unseren Partner nie so sehr lieben, wie wir es sollten. Unsere Beziehung zu Gott wurde zuerst geschaffen und muss immer die erste Stelle einnehmen. Dennoch gilt auch das, was wir in 1. Johannes 4,20 lesen: **«Wenn jemand sagt: Ich liebe Gott!, aber seinen Bruder hasst, ist er ein Lügner. Denn wer seinen Bruder nicht liebt, den er sieht, kann Gott nicht lieben, den er nicht sieht.»** Unsere Beziehung zu anderen Menschen ist ein guter Massstab für unsere Beziehung zu Gott. Wenn wir Gott wirklich lieben, wird sich dies an unserer Liebe zu anderen Menschen erweisen. Das gilt in besonderer Weise für die Liebe zu unserem Partner, die ja ein Spiegelbild für die Liebe Jesu zur Gemeinde sein soll.

Weil nun Einsamkeit das Erste war, was von Gott als nicht gut bezeichnet wurde, sollten wir, wenn wir danach trachten, unsere Nächsten zu lieben und ihnen zu helfen, besonders auf die Einsamen achten. Dabei geht es nicht allein um die, die alleine leben. Man kann sich in einer Menschenmenge befinden und dennoch einsam sein. Einsamkeit kommt immer daher, dass wir keine Gemeinschaft haben, die über eine oberflächliche Berührung der Seele hinausgeht. Tiefe, bedeutsame Gemeinschaft ist für unsere geistige, körperliche und geistliche Gesundheit absolut notwendig. Die Gemeinschaft, zu der wir geschaffen wurden, stellt uns nicht vor eine Entweder-oder-Situation, in der wir zwischen Gott und Menschen zu entscheiden haben, sondern wir brauchen beide. Wenn wir einsam sind, dann liegt das daran, dass wir nicht das richtige Gleichgewicht zwischen beiden gewahrt haben.

Dennoch versuchen einige Menschen immer wieder, die Erfüllung, die sie nur in ihrer Beziehung zu Gott finden können, in ihrem Partner oder in anderen Menschen, vielleicht sogar in ihrer Gemeinde, zu suchen. Das führt gewöhnlicherweise zu Frustration, die dann die Beziehung zu unserem Partner oder zu anderen gefährdet, weil wir den Eindruck haben, dass diese Menschen uns nicht ausreichen. Sie reichen nicht aus, weil sie niemals den Platz Gottes in unserem Leben einnehmen können.

23. TAG
EHE

Da liess Gott, der Herr, einen tiefen Schlaf auf den Menschen fallen, so dass er einschlief, nahm eine seiner Rippen und verschloss ihre Stelle mit Fleisch.
Gott, der Herr, baute aus der Rippe, die er vom Menschen genommen hatte, eine Frau und führte sie dem Menschen zu.
Und der Mensch sprach: Das ist endlich Bein von meinem Bein und Fleisch von meinem Fleisch. Frau soll sie heissen; denn vom Mann ist sie genommen. (1. Mose 2,21–23)

Die Lösung Gottes für den einzigen Punkt in seiner ganzen Schöpfung, der nicht gut war, bestand darin, dass er dem Mann eine Hilfe machte, die ihm «entsprach». Das hebräische Wort, das hier mit «entsprechen» wiedergegeben wird, heisst *neged* (neh'-ged), das man auch mit «Gegenteil» oder «Gegenstück» hätte übersetzen können. Um eine Hilfe zu sein, musste sich die Frau vom Mann unterscheiden, aber es durfte kein Unterschied sein, der zu einem Konflikt geführt hätte, sondern der vielmehr eine Ergänzung zu ihm bildete. Sie sollte genau das haben, was ihm fehlte. Er brauchte sie, um vollständig zu sein, und sie brauchte ihn. Es ist schon immer eine der Hauptstrategien des Feindes gewesen, die Unterscheidungsmerkmale zwischen Männern und Frauen zu verwischen und sie so zu täuschen, dass sie schliesslich meinen, sie bräuchten einander gar nicht.

Sobald der Mann die Frau erblickte, hüpfte sein Herz, und er wusste sofort, dass sie die einzig Richtige war! Der Mann warf einen Blick auf die Frau und war elektrisiert, aber auf Eva schien diese erste Begegnung nicht die gleichen Auswirkungen gehabt zu haben. Männer lassen sich leichter durch den Anblick von etwas anregen als Frauen. Ein Blick auf Eva reichte aus, um Adam zu überzeugen. Scheinbar bedeutete der reine Anblick Adams für Eva noch nicht so viel. Aber wahrscheinlich bedeuteten die Worte, die Adam sprach, etwas für sie.

Gott hat Liebesbeziehungen und Sexualität geschaffen; sie sind ein wunderbarer Ausdruck der Liebe zwischen Mann und Frau. Aber er hat den Menschen auch als Körper, Seele und Geist geschaffen. Eine Liebesbeziehung sollte mehr als nur Sex sein. Sie sollte die Vereinigung von Geist, Seele und Leib sein, und zwar in dieser Reihenfolge. Wenn diese Reihenfolge umgekehrt wird, so dass zuerst die Vereinigung der Körper erfolgt, dann ist es unwahrscheinlich, dass es überhaupt zur Vereinigung von Seele und Geist kommen wird; und die Einsamkeit bleibt bestehen.

Daher hat Gott auch die Einrichtung der Ehe geschaffen und festgelegt, dass Sex ausserhalb der Ehe Sünde gegen ihn ist. Es ist Sünde gegen das Wesen des Menschen selbst, das Gott geschaffen hat. Die Menschen waren als Geschöpfe von hoher Intelligenz und Geistlichkeit geschaffen worden. Gleichzeitig waren sie auch körperliche Wesen, die «wunderbar gemacht» waren. Der Herr wollte, dass die Krönung seiner Schöpfung auf allen drei Ebenen vollständig und erfüllt sein sollte. Sobald der Mensch anfangen sollte, die körperliche Ebene über die anderen zu stellen, würde eine grundlegende Verdrehung seiner Natur einsetzen. So sollte auch Sex ein Ausdruck der Liebe und eine Vereinigung von Geist und Seele sein. Allein als Ausdruck dieser Liebe und Vereinigung würde er auch wirklich Erfüllung schenken und das hohe und erhabene Geschenk bleiben, als das er gedacht gewesen war. Es gibt eine geistliche Sinnlichkeit, die durch Liebe und Vereinigung von Seele und Geist freigesetzt werden kann, mit der sich körperliche Sinnlichkeit niemals vergleichen kann.

In dieser ersten Begegnung von Adam und Eva war Adam sofort überzeugt, dass sie die Richtigen füreinander waren. Es scheint fast so, als hätte Eva etwas mehr Überzeugungsarbeit benötigt. Sie war anders, und wahrscheinlich brauchte sie eine stärkere Berührung ihrer Seele und ihres Geistes, ehe sie überzeugt war. Gott hat die Frauen so geschaffen, um die Männer auf eine höhere Ebene der Erfahrung zu rufen. Frauen sind im Allgemeinen eher geistlich orientiert, und oft wird das als emotional ausgelegt, weil sie sich ihrer geistlichen Sinne eher bewusst sind.

Seit dem Sündenfall sind die Frauen immer wieder beschuldigt worden, weil Eva getäuscht worden war und Adam die verbotene Frucht angeboten hatte. Das schliesst aber auch mit ein, dass Adam nicht getäuscht worden war und dass er sündigte, obgleich er wusste, was er tat. Das ist weitaus schlimmer. Weshalb folgte Adam hier der Eva? Vielleicht lag es daran, dass sie geschaffen worden war, um seine Hilfe zu sein und ihn zu höheren Ebenen der Geistlichkeit zu rufen, und vielleicht hatte er bereits gelernt, ihr zu folgen. Es ist eine grundlegende Strategie des Feindes, unsere Stärken in Schwächen zu verwandeln und sie dann gegen uns zu verwenden. Er versucht selten, die Menschen davon abzubringen, das zu tun, wozu sie berufen sind. Er hat von Anfang an gelernt, dass es für ihn wesentlich effektiver ist, sich hinter sie zu stellen und sie dann über jedes Mass hinauszutreiben.

Wir werden diese Dinge später noch eingehender betrachten; aber es ist für uns unbedingt nötig, die Grundlage unseres Wesens, der Versuchung und der Perversion unserer Natur zu verstehen, damit wir dann auch die Erlösung und den Wiederherstellungsprozess verstehen können. Sobald wir vollständig wiederhergestellt sind, werden auch die Beziehungen zwischen Mensch und Gott, zwischen Männern und Frauen und zwischen den Menschen und der Schöpfung wieder alle Teil eines herrlichen Paradieses sein.

24. Tag

Verlassen und Sich-Binden

Darum verlässt der Mann Vater und Mutter und bindet sich an seine Frau, und sie werden ein Fleisch. (1. Mose 2,24)

Die Beziehung zwischen Eltern und ihren Kindern ist etwas ganz Einzigartiges und Besonderes. Daher lautete auch das einzige Gebot, das eine Verheissung beinhaltete: **«Ehre deinen Vater und deine Mutter, damit du lange lebst in dem Land, das der Herr, dein Gott, dir gibt.»** (2. Mose 20,12) Ob wir ein hohes Alter erreichen, ist davon abhängig, ob wir unsere Eltern ehren oder nicht. Und dennoch müssen wir, wenn wir heiraten, unsere Eltern verlassen und uns an unseren Partner binden.

Unseren Vater und unsere Mutter «verlassen» bedeutet hier nicht, dass wir jede Beziehung zu ihnen kappen. Wir sollen mit ihnen in Beziehung stehen und sie unser Leben lang ehren. Aber sobald wir heiraten, muss sich unsere Beziehung zu ihnen verändern. Von diesem Zeitpunkt an muss die Hauptquelle dieser Gemeinschaft, die alle Einsamkeit beenden soll, für uns bei unserem Partner liegen, nicht bei unseren Eltern. Alles andere wäre eine Perversion beider Beziehungen.

Es ist nicht natürlich, wenn ein Mann oder eine Frau nach ihrer Heirat noch an ihren Eltern hängen. Wenn sie dies dennoch tun, kann es sowohl die Zerstörung von beiden Beziehungen zur Folge haben als auch ihre eigenen Seelen verletzen. Im Leben eines jeden Mannes kommt der Zeitpunkt, wo er der Mann in seinem eigenen Hause sein muss. Es gibt einen Zeitpunkt im Leben jeder Frau, an dem sie ihren eigenen Haushalt gründen muss. Dieser Zeitpunkt ist die Eheschliessung.

Die Autorität der Eltern über ihren Sohn oder ihre Tochter wird mit dem Zeitpunkt der Eheschliessung beendet. Väter und Mütter können ihren Kindern immer mit ihrem Rat und ihrer Weisheit zur Seite stehen, wenn dies erbeten wird, aber nach der Eheschliessung werden sich alle Versuche der Eltern, Kontrolle über das Leben ihrer Kinder auszuüben, zerstörerisch auswirken. Wir sind geschaffen, frei zu sein; und sobald wir reif genug sind, um zu heiraten, sind wir auch reif genug, Entscheidungen zu treffen und die Verantwortung für unsere Entscheidungen zu tragen. Wenn sich dieses grundlegende Verantwortungsgefühl nicht entwickeln kann, dann wird die endgültige Erfüllung der Bestimmung, für die wir geschaffen sind, sehr viel schwieriger werden.

In der Schrift sehen wir auch, wie Mann und Frau, sobald sie Vater und Mutter verlassen und sich aneinander binden, ein Fleisch werden. Wenn wir uns auf Sex vor diesem Ehebund einlassen, erniedrigen wir die wunderbare Bestimmung, die auf ihm liegt. Dadurch wird es dann auch wesentlich schwieriger, die höheren Ebenen der Vereinigung beider zu erreichen. Deshalb ist eines der wertvollsten Geschenke, das Frischverheiratete einander machen können, ihre Jungfräulichkeit. Das Erforschen und die Entwicklung eines erfüllenden Sexuallebens sind nicht nur eine wunderbare Erfahrung, sondern bindet beide Partner auch stärker zusammen und stärkt ihre Ehe, wie es nur wenige andere Dinge vermögen. Sex ist nicht die höchste Form der Gemeinschaft, aber er ist eine wunderbare Gabe unseres Schöpfers, um uns bei unserer Suche nach den höchsten Formen der Gemeinschaft zu helfen.

Als Eltern müssen wir erkennen, dass alles, was wir unternehmen, um in die Beziehung unserer Kinder zu ihren Ehepartnern einzugreifen, sie vielleicht kurzfristig vor einigen Fehlern bewahren mag, aber für gewöhnlich wird es ihnen auf lange Sicht nur schaden. Als Eltern haben wir häufig grössere Erfahrung, aus der wiederum mehr Weisheit folgt. Bisweilen ist es schwer, unsere Kinder loszulassen und dabei zuzusehen, wie sie Dinge tun, von denen wir wissen, dass es nicht die besten sind. Wenn wir sie aber nicht in ihrer Beziehung zueinander wachsen lassen, indem sie sich solchen Entscheidungen gemeinsam stellen und dann die positiven oder negativen Folgen gemeinsam tragen, dann werden wir ihnen nur noch mehr schaden. Sie müssen es lernen, sich aneinander zu «binden». Sobald unsere Kinder heiraten, muss sich unsere Beziehung zu ihnen verändern. Schwierigkeiten mit den Schwiegereltern sind eine der grössten Zerstörungskräfte in einer Ehe. Eine weitere solche Zerstörungskraft ist die Einmischung der Eltern. – Ihr Eltern, um Eurer Kinder willen, lasst sie los, sobald sie heiraten.

In einer Ehe ist es oft eine harte Prüfung, bis wir es gelernt haben, unsere Eltern zu verlassen, wenn unsere Eltern dieses grundlegende Thema nicht verstehen. Aber es muss geschehen, und wir müssen uns an unseren Partner binden – und dennoch Vater und Mutter ehren. Nur wenigen gelingt es, diese Gratwanderung ohne Blessuren zu überstehen; und trotzdem ist dieser Weg für eine wahrhaft erfüllende Ehe unabdinglich. Deshalb ist es oft hilfreich, das Wort vom «Verlassen» von Vater und Mutter zu betonen. Wenn es nötig ist, dann ziehen Sie so weit wie möglich von ihnen weg, um jede falsche Einmischung zu vermeiden. Es mag eine Zeit lang schmerzhaft sein, aber der Schmerz wird später noch viel grösser sein, wenn die Trennung jetzt nicht vollzogen wird. Jedes frisch gebackene Ehepaar muss seinen eigenen Haushalt einrichten und sich seine eigene Identität als Familie schaffen. Dies gehört zu den Grundlagen, wenn wir in der Freiheit leben wollen, die erforderlich ist, damit wir zu den Menschen werden, als die wir geschaffen wurden.

25. Tag

Offenheit

Beide, Adam und seine Frau, waren nackt, aber sie schämten sich nicht voreinander. (1. Mose 2,25)

Gott hat die Beziehung zwischen Mann und Frau so eingerichtet, dass ihre Beziehung zu ihm und zueinander erhalten bleiben und noch gefestigt würde. Alle Beziehungen sind auf Vertrauen aufgebaut. Vertrauen ist die Brücke, über die jeder bedeutungsvolle Austausch stattfinden kann. Je stärker die Brücke ist, desto grössere Lasten können darüber getragen werden. Sie können Liebe und Sie können Vergebung in einer Beziehung haben, wenn es dabei aber kein Vertrauen gibt, wird die Beziehung immer oberflächlich bleiben.

Wenn hier gesagt wird, dass der Mann und die Frau nackt waren, dann bedeutet es mehr, als dass sie lediglich keine Kleider trugen. Sie vertrauten einander genug, um offen und transparent zu sein. So sind wir auch geschaffen worden, ganz frei und offen mit anderen, wo nichts verborgen wird. Genau das ist das Ziel der Ehe – zwei Menschen, die völlig offen und frei miteinander umgehen können.

Der Mann und die Frau waren nackt, und sie «schämten sich nicht». Diese Tatsache erklärt uns auch, weshalb sie transparent und vertrauensvoll miteinander sein konnten. Scham ist eine der grössten Zerstörungskräfte für jede Beziehung, da sie uns dazu bringt, uns voreinander zu verbergen. Wenn eine Beziehung so begonnen und weiter vor allem bewahrt wird, was Scham verursachen kann, dann wird sie sehr stark und erfüllend sein. Daher wird sich echte Liebe immer zuerst nach Reinheit ausstrecken und nicht nach sofortiger und kurzfristiger Befriedigung.

Scham zerstört Beziehungen, zwischen uns und Gott und zwischen uns und anderen. Scham ist immer die Folge von Sünde.

Sie wird von den Dingen verursacht, von denen wir genau wissen, dass sie falsch sind. Wenn wir wissentlich und willentlich sündigen, dann werden wir uns immer danach verstecken wollen. Sünde tötet den freien Ausdruck unseres Herzens, und dadurch wird unsere Persönlichkeit und unser Potential verzerrt.

Gott hat uns für Gemeinschaft geschaffen, daher brauchen wir die Gemeinschaft mit ihm und miteinander. Scham bringt uns dazu, dass wir uns voreinander verbergen, und sie hat auch genau das zur Folge, von dem Gott bereits ganz zu Anfang gesagt hatte, dass es nicht gut sei – Einsamkeit. Sünde ist den Preis einfach nicht wert.

Aber ähnlich wie bei der Tragödie von Adam und Eva scheinen die meisten von uns die Folgen unserer Sünden erst am eigenen Leib erfahren zu müssen, ehe wir sie glauben. Wenn wir uns aber entscheiden, das zu tun, was recht ist, wenn wir entschlossen sind, die Dinge nicht zu tun, die uns dazu bringen, etwas verstecken zu müssen, dann werden wir nach und nach in die grösste Freiheit hineinkommen, die wir jemals erfahren können. Gleichzeitig werden wir auch erstaunliche Veränderungen in unseren Beziehungen feststellen. Scham sollte immer wie eine rote Warnlampe für uns sein, die uns sagt, dass wir gerade etwas Falsches tun. So lesen wir auch in 1. Johannes 1,6–7:

> **Wenn wir sagen, dass wir Gemeinschaft mit ihm haben, und doch in der Finsternis leben, lügen wir und tun nicht die Wahrheit.**
>
> **Wenn wir aber im Licht leben, wie er im Licht ist, haben wir Gemeinschaft miteinander, und das Blut seines Sohnes Jesus reinigt uns von aller Sünde.**

Das griechische Wort, das hier mit «Gemeinschaft» übersetzt wird, ist *koinonia.* Dieses Wort bedeutet weit mehr als nur eine oberflächliche Freundschaft. Es steht für eine tiefe Einheit. Das Wort «reinigt» schliesst wesentlich mehr ein als die Tatsache, dass die Folgen unserer Sünden ausgeräumt werden. Auch die Scham wird weggenommen. Die wiederhergestellte Gemeinschaft, die in Christus für uns verfügbar ist, soll auch die Scham beseitigen, die mit dem Sündenfall über die Menschheit gekommen ist. So können wir auch offen und ehrlich voreinander sein. Wenn wir im Licht wandeln, so wie der Herr im Licht ist, dann werden wir eine Art von Gemeinschaft mit ihm und mit seinem Volk erleben, die so tief und echt ist, dass wir nichts mehr voreinander verbergen müssen. Wenn wir behaupten, wir hätten diese Art von Gemeinschaft, aber es gleichzeitig noch Dinge in unserem Leben gibt, die wir nicht ans Licht bringen wollen, dann lügen wir (vgl. 1. Joh. 1,6).

Wenn da noch Dinge in unserem Leben sind, von denen wir fürchten, sie könnten aufgedeckt werden, dann sollten wir sie schnellstens loswerden. Alles, dessen Bekanntwerden wir fürchten, ist böse, weil es nur in der Finsternis bestehen kann. Ebenso sollten wir alle geheimen Beziehungen, Geheimbünde und Organisationen, die sich im Verborgenen bewegen, meiden. Solche Dinge sind nicht im Licht, sondern sind ganz offensichtlich von Finsternis erfüllt, sonst müssten sie nicht geheim gehalten werden. Selbstverständlich kann es im Fall von Verfolgung zu Ausnahmen von dieser Regel kommen. Es gibt Orte, an denen sich Christen um ihrer Sicherheit willen im Verborgenen treffen müssen. Es besteht aber ein grosser Unterschied zwischen Geheimorganisationen und solchen Gruppen, die sich auf Grund von Verfolgung im Verborgenen treffen müssen.

Wir sollten bestrebt sein, zu solch vertrauenswürdigen Menschen zu werden, dass andere frei sind, sich uns ganz offen mitzuteilen. Bisweilen erfordert Liebe Diskretion, denn diese Art der **«Liebe deckt viele Sünden zu»** (1. Pt. 4,8). Mehr als alles andere gilt das, was wir in 1. Johannes 2,28 lesen: **«Und jetzt, meine Kinder, bleibt in ihm, damit wir, wenn er erscheint, die Zuversicht haben und bei seinem Kommen nicht zu unserer Schande von ihm gerichtet werden.»** Eine solche Hoffnung wird uns rein halten.

26. Tag
Die Frage

Die Schlange war schlauer als alle Tiere des Feldes, die Gott, der Herr, gemacht hatte. Sie sagte zu der Frau: Hat Gott wirklich gesagt: Ihr dürft von keinem Baum des Gartens essen?
Die Frau entgegnete der Schlange: Von den Früchten der Bäume im Garten dürfen wir essen; nur von den Früchten des Baumes, der in der Mitte des Gartens steht, hat Gott gesagt: Davon dürft ihr nicht essen, und daran dürft ihr nicht rühren, sonst werdet ihr sterben. (1. Mose 3,1–3)

Das Erste, was hier über die Schlange gesagt wird, ist, dass sie «schlau» war. Schlau zu sein ist etwas anderes als weise zu sein. Schlauheit ist für gewöhnlich darauf ausgerichtet, nach Möglichkeiten zu suchen, wie bestehende Regeln umgangen werden können. Im Gegensatz dazu ist Jesus gekommen, um das Gesetz zu erfüllen. Ein sehr einfaches und grundlegendes Prinzip, wie wir diejenigen, die von Gott gesandt sind, von denen unterscheiden können, die vom Teufel gesandt sind, liegt darin, dass die einen danach trachten, zu gehorchen, und dass die anderen ständig versuchen, Gehorsam zu unterlaufen und dabei nicht erwischt zu werden.

In ihrer Schlauheit hat die Schlange nicht von vornherein dem Gebot Gottes krass widersprochen, sondern sie hat lediglich Eva dazu ermutigt, es zu hinterfragen. Es gibt gute Fragen, und es gibt schlechte Fragen. Die guten sind vom Glauben motiviert, weil wir die Wege des Herrn erkennen wollen, um ihm zu gefallen. Die schlechten sind gewöhnlich aus Furcht geboren oder aus dem Bestreben, die Regeln zu umgehen. Die Schlange versuchte, die Frau dazu zu bringen, Gott auf falsche Weise zu hinterfragen. Das ist auch heute noch oft der erste Schritt in ihre tödliche Falle hinein.

Die Antwort der Frau auf die Frage der Schlange offenbart das Einfallstor für Ungehorsam, nach dem der Teufel gesucht hatte. Sie antwortete, dass der Herr ihnen befohlen hätte, sie dürften weder von dem verbotenen Baum essen noch **«daran … rühren».** Der Herr hatte nichts davon gesagt, dass sie ihn nicht berühren dürfen. Wenn wir dem Wort Gottes etwas hinzufügen, dann ist das genauso falsch, wie wenn wir etwas davon wegnehmen wollten. Das bedeutet nämlich, dass wir unsere eigene Meinung genauso hoch einschätzen wie sein Wort. Das war auch die Sünde, die die Pharisäer dazu geführt hatte, ihre eigenen Traditionen selbst über das Wort Gottes zu stellen.

Wie wir bereits erwähnt haben, gibt es gute und schlechte Fragen, und ein und dieselbe Frage kann sowohl gut wie auch schlecht sein. Ob sie gut oder schlecht ist, entscheidet sich an unseren Motiven. Es war nichts Schlechtes dabei, dass Eva den Baum der Erkenntnis von Gut und Böse verstehen wollte. Es war nur falsch, dass sie davon ass. Der Herr hat uns mit Wissbegier geschaffen, was die Grundlage für ein suchendes Herz ist. Aber wir müssen stets vor der Falle auf der Hut sein, in die Eva fiel, nämlich an Gott zu zweifeln. Er ist wahrhaftig und gerecht und hat immer unser Bestes im Sinn. Alles, was uns dazu veranlasst, an ihm zu zweifeln, wird uns letztlich in Sünde führen. Sehr häufig beginnt es einfach mit dem Wunsch, die Regeln ein wenig zu umgehen.

Der Herr liebt es, unsere Schwächen in Stärken zu verwandeln. Der Teufel liebt es, unsere Stärken in Schwächen zu verwandeln oder in Gelegenheiten, um uns zu Fall zu bringen. Er wird sich bemühen, ein suchendes Herz in ein zynisches zu verwandeln. Ein zynisches Herz hinterfragt alles aus einem Blickwinkel des Zweifels, statt aus Glauben. Das hat auch den tragischen Niedergang des Journalismus in unserer Zeit bewirkt, weil diejenigen, die mit einer Sehnsucht nach Wahrheit und Erkenntnis begonnen haben, die Saat des Zynismus aufgenommen haben und dadurch oft zu Festungen für den Verkläger der Brüder werden.

Hüten Sie sich vor «Schlauheit». Hüten Sie sich vor allen, die etwas vorschlagen, das dem eindeutigen Wort Gottes widerspricht. Wenn wir es zulassen, dass wir von solchen Überlegungen betrogen werden, werden wir zu Fall kommen. Wie uns auch in 1. Korinther 15,33 bereits gesagt wird: **«Lasst euch nicht irreführen! Schlechter Umgang verdirbt gute Sitten.»** Die Gemeinde ist dazu berufen, die höchste Form von Gemeinschaft auf Erden darzustellen. Der Teufel weiss auch, dass geistliche Autorität sich dort multipliziert, wo Einheit herrscht; wenn auch nur zwei Menschen sich über eine Sache eins werden, wird Gott ihr Gebet erhören (vgl. Matthäus 18,19). Daher trachtet der Teufel beständig danach, Zwietracht in jede Form der Gemeinschaft zu säen. Wir müssen unsere Gemeinschaften davor schützen, solche Menschen einzuschliessen, die beständig Spaltungen hervorrufen oder die die Kleinen im Reich Gottes zu Fall bringen, wie uns in Römer 16,17–18 gesagt wird:

> **Ich ermahne euch, meine Brüder, auf die acht zu geben, die im Widerspruch zu der Lehre, die ihr gelernt habt, Spaltung und Verwirrung verursachen: Haltet euch von ihnen fern!**
>
> **Denn diese Leute dienen nicht Christus, unserem Herrn, sondern ihrem Bauch, und sie verführen durch ihre schönen und gewandten Reden das Herz der Arglosen.**

Judas bezeichnet derartige Steine des Anstosses als «Nörgler» (Vers 16). Es ist unsere Verantwortung, das Volk Gottes vor solchen Menschen zu schützen. Gleichzeitig müssen wir unsere eigenen Herzen davor bewahren, zynisch zu werden oder sich gegen die zu verschliessen, die der Herr uns vielleicht anschliessen möchte. Die Nörgler und Stolpersteine, die uns der Teufel schickt, um Spaltungen zu verursachen, werden ihr wahres Wesen sehr schnell zeigen. Wir müssen sie dann entfernen und uns von ihnen fern halten, sonst können sie der Gemeinschaft der Heiligen grossen Schaden tun. Wir müssen es auch auf solche Weise tun, dass sich unsere Herzen nicht gegen die rechtmässige Korrektur durch die Autoritäten verschliessen, die der Herr in seiner Gemeinde eingesetzt hat.

27. TAG

DIE FALLE

Darauf sagte die Schlange zur Frau: Nein, ihr werdet nicht sterben.
Gott weiss vielmehr: Sobald ihr davon esst, gehen euch die Augen auf; ihr werdet wie Gott und erkennt Gut und Böse. (1. Mose 3,4–5)

Sobald der Teufel erkannt hatte, dass die Frau auch nur eine Spur der Geringschätzung für das Wort Gottes zeigte, indem sie ihm etwas hinzufügte, stiess er sie ganz in seine Falle hinein, indem er Gott nun unverfroren widersprach. Als Eva sich daraufhin nicht abwandte, war ihr Schicksal besiegelt. Wenn wir dazu neigen, dem Wort Gottes entweder etwas hinzuzufügen oder etwas davon wegzunehmen, dann sind wir die ersten Kandidaten für die Täuschungen des Teufels. Wenn wir gegen die platten Widersprüche gegen das Wort Gottes nicht aufstehen, werden wir für die Schlauen eine ebenso leichte Beute wie Eva.

Im Gegensatz zu Eva stand Jesus, als er vom Teufel versucht wurde, auf dem Boden des Wortes Gottes. Die Grundlage unseres Gehorsams liegt darin, dass wir in unserem Herzen eindeutig wissen, dass das Wort Gottes wahr ist. Wenn wir dann versucht werden, sollten wir uns zum Wort Gottes flüchten und danach fragen, was die Bibel zu der Frage sagt. Es ist sehr unwahrscheinlich, dass Eva von der verbotenen Frucht gegessen, wenn sie abgewartet hätte, was Gott zu den Behauptungen der Schlange zu sagen hatte. Der Herr hat uns versprochen: Wenn wir suchen, werden wir finden (vgl. Matthäus 7,7). Wenn wir ihn suchen, wird er uns seine Wege lehren. Es ist nicht falsch, mit unseren Fragen zum Herrn zu kommen.

Ein weiterer wichtiger Punkt ist hier, dass die erste schriftlich festgehaltene Lüge Satans war: **«Ihr werdet nicht sterben.»** Das ist immer noch seine grundlegende Lüge und die grosse Täuschung, die den meisten falschen Religionen und Überzeugungen zugrunde liegt. Das Wort Gottes ist in diesem Punkt völlig eindeutig: **«Denn der Lohn der Sünde ist der Tod.»** (Römer 6,23) Sünde führt immer zum Tod. Es ist ganz gleichgültig, wie schlau es die Philosophien oder Religionen klingen lassen, wenn wir etwas anderes ausser dem Wort Gottes glauben, wird es immer unser Untergang sein.

Was ist Sünde? Wenn wir Gott ungehorsam sind. Er hat uns geschaffen, und er weiss, was für uns am besten ist. Er hat für den ersten Mann und die erste Frau nur ein einziges Gebot aufgestellt, und es war zu ihrem Schutz. Er hat nicht gesagt, dass er sie an dem Tag, an dem sie von dem Baum essen sollten, umbringen würde. Er sagte, dass sie an dem Tag, an dem sie davon essen sollten, sterben würden. Er wusste, dass diese Frucht Gift für sie war. Die Frucht selber würde sie umbringen, und das ist genau das, was sie tat. Der Herr hat immer nur unser Bestes im Sinn. Er hat lediglich die Dinge als Sünde gebrandmarkt, die uns und seiner Schöpfung schaden.

Gott hat gewisse Leitlinien für unser Leben festgesetzt. Wenn wir darauf bestehen, die Regeln zu umgehen, wird das unsere eigene Zerstörung nach sich ziehen. Die Regeln sind nicht allein deshalb aufgestellt worden, um uns zu frustrieren, sondern vielmehr, um uns zu schützen. Sünde tötet. Ungehorsam ist Sünde und wird immer zu einer Katastrophe führen. Lassen Sie uns eines in unseren Herzen klarstellen: dass Gott gut ist, dass alle seine Wege wahrhaft und gerecht sind und dass er die Leitlinien, nach denen wir leben sollen, nur zu unserem eigenen Besten aufgestellt hat. Wenn wir uns nach Erkenntnis sehnen, dann soll es aus dem Wunsch sein, in unserem Gehorsam vollkommen zu werden.

Wir sollten auch noch festhalten, dass der Baum der Erkenntnis mitten im Garten steht. Das weist bereits auf eine der ersten Folgen hin, wenn wir von seiner Frucht essen – Selbstzentriertheit. Sobald Adam und Eva davon gegessen hatten, war ihr erster Blick auf sich selbst gerichtet. Wenn wir auf Gott ausgerichtet sind, haben wir Leben. Selbstzentriertheit führt immer zum Tode.

Der letzte Anstoss, den die Schlange der Frau gab, um von der verbotenen Frucht zu essen, war, ihr einzureden, Gott würde ihr etwas vorenthalten, das sie benötigte, um vollständig zu sein. Wenn der Feind uns dazu bringen kann, uns auf uns selbst zu konzentrieren, vor allem auf unsere tatsächlichen oder auch imaginären Unzulänglichkeiten, dann werden wir leicht jeder Form von Täuschung anheim fallen.

Es ist die Strategie des Feindes, unseren Blick auf uns selbst zu richten, sei es auf die guten oder die schlechten Seiten, statt auf die völlig ausreichende Fülle des Herrn. Auf diese Weise können wir für gewöhnlich erkennen, was der Teufel in unsere Herzen einpflanzen will, um uns vom richtigen Weg abzubringen. Es ist auch hier so, dass die Frucht des Baumes der Erkenntnis uns dadurch tötet, dass sie uns dazu führt, auf uns selbst zu sehen. Wenn wir im Gegensatz dazu vom Baum des Lebens essen, wird es uns immer dazu führen, dass wir auf Christus sehen. Wir werden nicht davon zum Leben und in die Kraft geführt, wer wir in ihm sind, sondern wer er in uns ist.

Wir müssen wissen, was Sünde ist, und sie erkennen können, aber der Weg zu einem sündenfreien Leben liegt nicht darin, dass wir unsere ganze Aufmerksamkeit auf die Sünde gerichtet halten. Wir müssen die Pläne des Teufels kennen, aber wir dürfen ihm keine Aufmerksamkeit schenken oder uns gar bemühen, seine Wege in aller Tiefe zu verstehen. In 1. Korinther 11,31 wird uns gesagt: **«Gingen wir mit uns selbst ins Gericht, dann würden wir nicht gerichtet.»** Es ist daher richtig, wenn wir uns selbst prüfen, aber wenn wir uns auf uns selbst konzentrieren, werden wir fallen.

Wir müssen unsere Aufmerksamkeit auf den Herrn gerichtet halten und seine Herrlichkeit betrachten, wenn wir in sein Bild verwandelt werden wollen. Wir müssen uns vor jeder Lehre oder Person hüten, die versucht, unseren Fokus auf uns selbst, auf den Teufel oder die Sünde zu richten. Das Schlüsselwort dabei ist «Fokus». Wenn Sie den Menschen folgen, die Jesus nachfolgen, werden Sie in der Erkenntnis, wer er ist, zunehmen und ihm immer näher kommen.

28. Tag
Die Täuschung

Da sah die Frau, dass es köstlich wäre, von dem Baum zu essen, dass der Baum eine Augenweide war und dazu verlockte, klug zu werden. (1. Mose 3,6)

Dieser tödliche Baum heisst aus gutem Grund der Baum der Erkenntnis von Gut und Böse. Die «gute» Seite des Baumes der Erkenntnis ist ebenso tödlich wie die «böse». Wenn wir versuchen, statt auf dem Boden des Kreuzes Jesu auf dem «Gutsein» zu stehen, dann beleidigt es das Kreuz, es beleidigt Gott. Es ist ebenso eine Wurzel für die Rebellion der Menschheit wie das Böse. Die gute Seite dieses Baumes hat wahrscheinlich ebenso viel Tod zu verantworten wie die böse. Die gute Seite hat die grössere Täuschungskraft, daher scheint auch die gute Seite auf Eva die grössere Anziehungskraft ausgeübt zu haben.

Die Frucht sah so aus, als wäre sie köstlich zu essen. Das pflanzte eine weitere unmerkliche Frage in Evas Gedanken: Weshalb sollte Gott ihr etwas so Gutes vorenthalten? Viele junge Menschen tappen in die gleiche Falle mit Sex. Sie denken, wenn sie sich dabei gut fühlen und wenn es keinen verletzt, was soll dabei schon so schlimm sein? Aber es verletzt jemanden … sie selber! Sie werden der Beziehung zu Ihrem Ehepartner schweren Schaden zufügen, indem Sie bereits in das Fundament Ihrer Ehe eine gravierende Schwäche einbauen. Viele Menschen werden dadurch verletzt, dass sie sich ihr Leben lang mit einer Bürde der Unreinheit abquälen, statt die Freiheit zu erfahren, einen anderen zu lieben. Am gleichen Tag, an dem Sie von diesem Baum essen, wird der Tod anfangen, in Ihrem Leben zu wirken. Er mag gut aussehen, aber seine Früchte sind Gift.

Dann heisst es hier weiter, **«dass der Baum eine Augenweide war»**. Ist es nicht bemerkenswert, wie dieser Baum nicht mehr allein aussah, als wäre es gut, davon zu essen, sondern wie er plötzlich eine «Augenweide» war? Je länger wir Sünde ansehen und betrachten, desto erstrebenswerter wird sie uns erscheinen. Jesus selbst sagte in Matthäus 6,22–23:

> **Das Auge gibt dem Körper Licht. Wenn dein Auge gesund ist, dann wird dein ganzer Körper hell sein.**
> **Wenn aber dein Auge krank ist, dann wird dein ganzer Körper finster sein. Wenn nun das Licht in dir Finsternis ist, wie gross muss dann die Finsternis sein!**

Sünde beginnt meistens mit dem Ansehen. Wenn wir etwas lange genug ansehen, wird sich unser Schauen in Begierde verwandeln. **«Wenn die Begierde dann schwanger geworden ist, bringt sie Sünde zur Welt; ist die Sünde reif geworden, bringt sie den Tod hervor.»** (Jak. 1,15) Es ist wesentlich leichter, den Teufel ausserhalb des Hauses zu halten, als ihn wieder hinauszuwerfen, wenn er erst einmal hineingekommen ist. Wenn wir der Sünde widerstehen wollen, fängt es damit an, dass wir unsere Augen unter Kontrolle halten.

Hiob sagte: **«Einen Bund schloss ich mit meinen Augen, nie eine Jungfrau lüstern anzusehen.»** (Hiob 31,1) Hiob hatte mit seinen Augen einen Bund geschlossen, niemals das anzusehen, was ihn hätte zur Begierde verleiten können. Wir müssen das Gleiche tun. Wenn wir beständig Dinge ansehen, die wir nicht ansehen sollten, werden wir ständig von Begierde erfüllt sein. Wenn wir entschlossen sind, nur das anzusehen, was gut und heilig ist, werden unsere Herzen von dem erfüllt sein, was gut und heilig ist.

Eva hatte auf den Teufel gehört und dann die Sünde so lange angesehen, bis sie ihr eine «Augenweide» geworden war. Aber der letzte Auslöser war die Tatsache, dass sie **«dazu verlockte, klug zu werden».** Es gibt gute Klugheit und schlechte Klugheit. Es gibt gute, schlechte und tödliche Erkenntnis. Der Herr lobte diejenigen in der Gemeinde in Thyatira, die die **«Tiefen des Satans»** (Offb. 2,24) nicht erkannt hatten. Wir müssen die Pläne Satans verstehen, aber wir müssen auch der Versuchung widerstehen, die Tiefen des Bösen verstehen zu wollen.

In Philipper 4,8 können wir lesen: **«Schliesslich, Brüder: Was immer wahrhaft, edel, recht, was lauter, liebenswert, ansprechend ist, was Tugend heisst und lobenswert ist, darauf seid bedacht.»** In 2. Korinther 10,5 heisst es: **«Mit ihnen reissen wir alle hohen Gedankengebäude nieder, die sich gegen die Erkenntnis Gottes auftürmen. Wir nehmen alles Denken gefangen, so dass es Christus gehorcht.»**

Das Denken ist etwas Wunderbares, aber wir müssen lernen, uns und unsere Gedanken zu disziplinieren. Es gibt ein Sprichwort, dass wir das sind, was wir essen. In diesem Satz liegt eine gewisse Wahrheit, wie bereits Adam und Eva im Garten erfahren mussten. Sie nahmen das Wesen des Baumes an, von dem sie gegessen hatten. Auch wir werden die Natur dessen annehmen, was wir in unseren Gedanken zulassen. Wir müssen sorgfältig auswählen, was wir essen und was wir in unsere Gedanken und Herzen hineinlassen. Wir müssen die Bücher, Fernsehprogramme, Musik und alles andere, an dem wir teilhaben, gründlich prüfen. Nähren sie die Begierden des Fleisches oder unsere Bestimmung, dass wir Jesus ähnlicher werden?

Halten Sie sich dabei immer vor Augen, dass wir dabei die Wahl haben. Wählen Sie weise. Wählen Sie das Leben, indem Sie sich beständig mit den Worten des Lebens erfüllen. Lassen Sie uns auch dadurch das Leben wählen, dass wir beständig Worte des Lebens aussprechen. Wie wir bereits an anderer Stelle in Epheser 4,29 gelesen haben: **«Über eure Lippen komme kein böses Wort, sondern nur ein gutes, das den, der es braucht, stärkt, und dem, der es hört, Nutzen bringt.»**

29. Tag
Der Fall

Sie nahm von seinen Früchten und ass; sie gab auch ihrem Mann, der bei ihr war, und auch er ass. (1. Mose 3,6)

Wenn wir auf den Teufel hören und über das nachdenken, was er sagt, dann werden wir mit grosser Sicherheit in seine Falle tappen und sündigen. Die Menschen, die in Sünde fallen, tun das meist nicht auf Grund einer einzelnen, momentanen Versuchung. Für gewöhnlich ist es ein unmerklicher, langsamer Prozess, zuerst etwas anzusehen, darüber nachzudenken, es in Gedanken zu bewegen, und wenn dann alle unsere Verteidigungsmauern eingefallen sind, schnappt die Falle zu.

Nach dem Sündenfall traten sofort die ersten Folgen in der Beziehung zwischen Adam und Eva in Erscheinung. Obwohl sie zusammen gesündigt hatten, entstand sofort eine Barriere zwischen ihnen, die vorher noch nicht da gewesen war. Ihre Beziehung wurde von Scham erfüllt, und Scham bringt immer Trennung. Die Freiheit und die Offenheit, die sie vorher miteinander gehabt hatten, waren für immer verloren. Sünde zerstört Beziehungen und verwandelt Leben in Tod. Sie ist fast immer ansprechend für unsere Sinne, bisweilen sogar für unseren Verstand, aber ihre Frucht ist immer bitter.

Die Schrift bezieht eindeutig Position gegenüber der Sünde. Mord, Ehebruch und Stehlen sind da lediglich die offensichtlichsten Beispiele. Im Neuen Testament wird uns sogar gesagt, dass es Sünde ist, seinen Bruder zu hassen (Matthäus 5,22). In Jakobus 4,17 lesen wir: **«Wer also das Gute tun kann und es nicht tut, der sündigt.»** Es gibt Tatsünden, die wir begehen, und es gibt Unterlassungssünden von Gutem, das wir nicht tun, obgleich es in unserer Macht stünde.

Im Grunde genommen ist Sünde immer Ungehorsam gegen Gott. Sünde ist immer die Folge von irgendeiner Art der Selbstsucht, und sie zieht immer weitere Formen der Selbstzentriertheit nach sich, die uns von Gott und von anderen trennt. Gleichgültig, wie anziehend sie auch aussieht, zerstört Sünde immer.

So sollt auch ihr euch als Menschen begreifen, die für die Sünde tot sind, aber für Gott leben in Christus Jesus.

Daher soll die Sünde euren sterblichen Leib nicht mehr beherrschen, und seinen Begierden sollt ihr nicht gehorchen.

Stellt eure Glieder nicht der Sünde zur Verfügung als Waffen der Ungerechtigkeit, sondern stellt euch Gott zur Verfügung, als Menschen, die vom Tod zum Leben gekommen sind, und stellt eure Glieder als Waffen der Gerechtigkeit in den Dienst Gottes. (Römer 6,11–13)

Wir fliehen die Sünde, indem wir der Gerechtigkeit nachjagen. Wir entfliehen dem Hass, indem wir der Liebe nachjagen. Wir entkommen der Angst, indem wir dem Glauben nachjagen. Wir fliehen die Ungeduld, indem wir uns danach ausstrecken, geduldiger zu werden. Wie in Römer 12,21 gesagt wird: **«Lass dich nicht vom Bösen besiegen, sondern besiege das Böse durch das Gute.»** Wir müssen immer danach trachten, das Böse in unserem Herzen durch das Gute zu ersetzen.

Gerechtigkeit ist eine Gabe und ein Schatz. Wahre Gerechtigkeit kann niemals «Selbstgerechtigkeit» sein, da es in uns keine wahre Gerechtigkeit gibt, sondern allein in Jesus. Wir können nur in dem Mass gerecht sein, in dem wir in ihm bleiben. Es muss unser Bestreben sein, in allen Dingen in ihm zu bleiben. Gott ist Liebe; daher werden wir, wenn wir in ihm bleiben, ebenfalls lieben. Er fürchtet nichts; so werden auch wir, wenn wir in ihm bleiben, frei von aller Furcht sein, usw. Es ist nicht nur unser Ziel, in der Liebe zu wachsen, sondern mehr in der Liebe Gottes zu leben. Wir wollen nicht weniger fürchten, sondern wir wollen den Glauben haben, der daher kommt, dass wir die Dinge aus der Perspektive des Herrn sehen, der zur Rechten Gottes sitzt. Wenn wir erkennen, wer Jesus ist und wo er sitzt, dann werden wir Glauben haben.

Wir sollten die negativen Dinge in unserem Leben mit den positiven Aspekten Jesu ersetzen. Wenn der Fernseher für uns ein Problem darstellt, dann sollten wir nicht allein den Entschluss fassen, nicht mehr fernzusehen, sondern wir sollten unsere Zeit für etwas Positives verwenden, mit dem wir das Fernsehen ersetzen. Wir können vielleicht mit einem dreissigtägigen Fernsehfasten beginnen, aber wir sollten uns eine positive Beschäftigung für die Zeit suchen, die wir sonst vor dem Fernseher zubringen, wie zum Beispiel eine Bibelgruppe zu besuchen, anderen zu dienen, zu lesen oder Ähnliches. Wenn wir lediglich die Sünde ausräumen, dann wird stets ein Loch zurückbleiben, in das der Feind leicht zurückkehren kann, solange dieses Vakuum nicht gefüllt wird. Wir müssen die Sünde überwinden, indem wir sie durch den Willen des Herrn ersetzen.

Wenn wir ihm bewusst nachjagen, werden wir bei weitem nicht so leicht in die Fallen des Feindes tappen, mit denen er uns zu Fall bringen will. Wir müssen das Ziel vor Augen haben, in der Gnade, Frucht und Kraft des Geistes zu wachsen. In 1. Korinther 14,1 werden wir ermahnt: **«Jagt der Liebe nach! Strebt aber auch nach den Geistesgaben, vor allem nach der prophetischen Rede!»** Wir müssen der Liebe nachjagen. Nur wenige, die sich die Geistesgaben lediglich wünschen, werden sie tatsächlich erhalten. Aber alle die, die nach ihnen «streben», werden sie empfangen. Wir müssen uns so sehr nach den Dingen Gottes sehnen, dass wir von ganzem Herzen nach ihnen streben. Der Herr hat uns in Jeremia 29,13 verheissen: **«Sucht ihr mich, so findet ihr mich. Wenn ihr von ganzem Herzen nach mir fragt.»**

30. Tag
Das Vertuschen

Da gingen beiden die Augen auf, und sie erkannten, dass sie nackt waren. Sie hefteten Feigenblätter zusammen und machten sich einen Schurz. (1. Mose 3,7)

Hier geht die Sünde noch etwas tiefer. Wie wir bereits gesehen haben, war die erste Reaktion von Adam und Eva auf ihre Sünde gewesen, auf sich selbst zu sehen. Selbstzentriertheit ist das Gift des Baumes der Erkenntnis, das uns umbringt. Wir sind geschaffen, um auf Gott ausgerichtet zu sein. Der Wiederherstellungsprozess, durch den unser Sinn erneuert wird und der uns von unserer sündigen Natur erlöst, beginnt dort, wo wir auf die Herrlichkeit Gottes sehen, wie wir in 2. Korinther 3,18 nachlesen können:

Wir alle spiegeln mit enthülltem Angesicht die Herrlichkeit des Herrn wider und werden so in sein eigenes Bild verwandelt, von Herrlichkeit zu Herrlichkeit, durch den Geist des Herrn.

Die Befreiung von Sünde beginnt dort, wo wir uns von unserer Sünde und Selbstzentriertheit abwenden, um uns von neuem auf Gott auszurichten. Es genügt uns nicht, lediglich herauszufinden, wer wir in Christus sind, sondern wir wollen erkennen, wer er in uns ist. In dem erstgenannten Zustand können wir immer noch selbstzentriert sein, auch wenn es eine Vermischung mit vielen guten Beweggründen gibt.

Wenn wir in sein Bild verwandelt werden wollen, müssen wir seine Herrlichkeit mit «enthülltem Angesicht» betrachten und widerspiegeln. Diese Hüllen oder Schleier um uns stehen für unsere Verteidigungsmechanismen, die wir auf Grund unserer sündigen Natur aufbauen müssen, um uns zu schützen. Sie sind lediglich eine Weiterentwicklung des Schurzes, den sich Adam und Eva gemacht hatten. Sünde führt uns dazu, dass wir derart befangen und furchtsam sind, dass wir uns selbst schützen müssen und uns davor fürchten, jemand könnte uns so sehen, wie wir wirklich sind. Diese Schleier und Schutzhüllen müssen erst einmal fallen, damit wir den Herrn so sehen können, wie er wirklich ist, und damit wir auch voreinander echt und ehrlich sein können.

Echt zu sein bedeutet, in der Wahrheit zu wandeln und Beziehungen zu anderen ohne falsche Fassaden aufzubauen. Wenn wir über Sünde Busse tun, dann wird dieser Prozess in Gang gesetzt, der uns «von Herrlichkeit zu Herrlichkeit» führt. Je mehr wir es zulassen, dass diese Schleier, unsere Verteidigungsmechanismen, fallen, desto mehr werden wir von seiner Herrlichkeit sehen und ihm ähnlicher werden.

Wenn wir sündigen, ist es immer unser erster Impuls, die Sünde zu vertuschen, zu verbergen oder wegzudiskutieren. Sobald das geschieht, wird der Tod in uns freigesetzt, und er beginnt, uns das Leben abzusaugen. Busse beginnt immer damit, dass wir unsere Sünde anerkennen, sie bei ihrem Namen nennen und die Verantwortung dafür übernehmen.

> **Wenn wir sagen, dass wir Gemeinschaft mit ihm haben und doch in der Finsternis leben, lügen wir und tun nicht die Wahrheit.**
> **Wenn wir aber im Licht leben, wie er im Licht ist, haben wir Gemeinschaft miteinander, und das Blut seines Sohnes Jesus reinigt uns von aller Sünde.**
> **Wenn wir sagen, dass wir keine Sünde haben, führen wir uns selbst in die Irre, und die Wahrheit ist nicht in uns.**
> **Wenn wir unsere Sünden bekennen, ist er treu und gerecht; er vergibt uns die Sünden und reinigt uns von allem Unrecht.**
> **Wenn wir sagen, dass wir nicht gesündigt haben, machen wir ihn zum Lügner, und sein Wort ist nicht in uns. (1. Johannes 1,6–10)**

Wie wir bereits gesagt haben, ist es unsere unmittelbare Reaktion auf Sünde, sie verbergen zu wollen, so zu tun, als gäbe es sie nicht, oder sie wegzudiskutieren. Aber alle diese Versuche verstärken nur den Halt, den sie in unserem Leben hat, und öffnen die Türe weit für andere Formen der Täuschung. Die Lösung liegt nicht darin, die Sünde zuzudecken, sondern darin, sie anzuerkennen und sich zum Kreuz zu flüchten. So erlangen wir Vergebung und Heilung der Wunde, die von der Sünde verursacht wurde. Wie die oben genannte Schriftstelle besagt, müssen wir unsere Sünde bekennen, damit sie vergeben werden kann. Dann kann er uns reinigen.

Judas wurde «unbelehrbar» genannt, ihm konnte keiner mehr helfen. Was ihn «unbelehrbar» werden liess, war nicht die Tatsache, dass er den Herrn verriet, sondern dass er sich erhängte. Wir haben vermutlich alle den Herrn verraten, weil er selbst sagte, dass wir alles, was wir dem geringsten seiner Brüder getan haben, auch ihm getan haben (vgl. Matthäus 25,40). Judas hätte Vergebung erlangen können; aber statt sich zum Herrn zu flüchten, um Vergebung zu erlangen, versuchte er, selbst den Preis für seine Sünde zu bezahlen. Indem er dies tat, konnte auch der Herr ihm nicht mehr helfen. In gleicher Weise kann der Herr auch uns nicht helfen, wenn wir unsere Sünde zudecken und so tun, als gäbe es sie nicht, oder wenn wir darauf bestehen, selbst den Preis dafür zu bezahlen. All dies ist eine Beleidigung des Kreuzes Jesu, das allein für unsere Sünden bezahlen kann. Wie es auch in Jakobus 3,2 heisst: **«Denn wir alle verfehlen uns in vielen Dingen.»**

Lassen Sie uns nicht auf die Sünde reagieren, indem wir versuchen, sie zu verdecken oder «uns selbst zu erhängen», sondern lassen Sie uns vielmehr bei der Gnade Gottes am Kreuz Zuflucht suchen. Jesus starb, um genau für diese Sünde zu bezahlen. Wenn wir ihn nicht den Preis für unsere Sünde bezahlen lassen, heisst das, dass wir seine grosse Gnade ablehnen. Wenn wir wirklich frei sein wollen und in dem Vertrauen wachsen wollen, auf dem alle Beziehungen aufgebaut sind, dann müssen wir dem Kreuz vertrauen.

31. Tag

Der Irrglaube

Als sie Gott, den Herrn, im Garten gegen den Tagwind einherschreiten hörten, versteckten sich Adam und seine Frau vor Gott, dem Herrn, unter den Bäumen des Gartens.
Gott, der Herr, rief Adam zu sich und sprach: Wo bist du? (1. Mose 3,8–9)

Es ist interessant zu beobachten, dass der Mann und die Frau in dem Moment, als «ihre Augen geöffnet» wurden, töricht wurden. Niemand kann sich vor Gott verstecken, auch wenn wahrscheinlich jeder Mensch dies von Zeit zu Zeit versucht hat. Er ist der Allwissende, der alles sieht. Er hat die Haare auf unserem Haupt gezählt (vgl. Matthäus 10,30). Einer Sache können wir uns ganz sicher sein: Wenn der allwissende Gott uns eine Frage stellt, dann nicht, weil er Informationen braucht! Als er Adam fragte, wo er wäre, tat er das um seinetwillen. Diese Frage hallt durch alle Zeitalter hindurch, um den Menschen zur Besinnung zu rufen und ihm vor Augen zu malen, wie töricht es ist, sich vor Gott verstecken zu wollen.

Dennoch wird jeder Mensch, der das Kreuz in seinem Leben nicht ergriffen hat, sein Leben lang versuchen, sich vor Gott zu verstecken. Selbst unsere religiösen Anwandlungen können ein Versuch sein, vor Gott zu verbergen, wer wir wirklich sind. Wir können selbst unsere scheinbare Suche nach Gott gebrauchen, um unser eigenes Gewissen zu beruhigen, damit wir uns besser fühlen, auch wenn wir die Täuschung dadurch nur verstärken. Solche religiösen Bemühungen sind immer die menschliche Anstrengung, Gott zu den Bedingungen des Menschen zu begegnen. Es ist lediglich eine andere Ausdrucksform davon, sich vor Gott zu verstecken; und er lässt sich niemals davon täuschen.

Wenn wir so leben, dann nehmen wir ihn nur an, wie wir ihn verstehen können. Was wir nicht verstehen, lehnen wir ab. Aber er ist viel zu gross, als dass wir ihn jemals verstehen könnten. Es ist die höchste Form der menschlichen Arroganz, wenn wir glauben, wir könnten Gott verstehen, auch wenn es das edelste und heiligste Bestreben ist, ihn immer besser kennen zu lernen. Wir müssen danach streben, ihn zu kennen, und uns dabei immer die Tatsache vor Augen halten, dass er stets grösser als alles ist, was unser menschlicher Verstand je begreifen könnte. Wir sehen immer nur bruchstückhaft und wissen nur bruchstückhaft. Gleichzeitig ist aber alles, was wir über seine Wege lernen können, wertvoller als alle Schätze dieser Erde.

In Jakobus 4,6 lesen wir: **«Darum heisst es auch: Gott tritt dem Stolzen entgegen, dem Demütigen aber schenkt er seine Gnade.»** Es ist Stolz, zu meinen, wir könnten uns selbst bedecken, vor Gott verbergen und ihn alleine verstehen. Solch stolzes, menschliches Suchen nach dem Göttlichen ist der grösste Irrglaube, den es gibt. Wir können ihn nur dann verstehen, wenn er sich uns offenbart und zu erkennen gibt. Wenn wir ihn so sehen wollen, wie er wirklich ist, müssen wir uns demütigen und um seine Gnade bitten.

Der Anfang aller Demut liegt darin, dass wir endlich aufhören, uns selbst bedecken und verstecken zu wollen. Die Sünde hat uns dazu gebracht, uns von ihm abzuwenden. Wahre Busse heisst nun sehr viel mehr als die blosse Abkehr von Sünde – es ist ein Hinwenden zu Gott.

Tief verwurzelter Stolz lässt uns immer in der Meinung, wir könnten unser Leben schon selbst wieder in Ordnung bringen. Demut führt uns zu seiner Gnade – wenn wir uns einfach ihm zuwenden, so zu ihm kommen, wie wir sind, und ihn bitten, unser Leben in Ordnung zu bringen. Die Demut, die seine Gnade freisetzt, liegt darin, dass wir uns der Tatsache stellen, dass wir ihn brauchen. Keiner, der dies tut, wird jemals abgewiesen.

Das Gegenmittel gegen unsere Neigung, uns zu verstecken, besteht nicht allein darin, dass wir uns Gott aussetzen, sondern darin, dass wir ihn selber suchen. Wenn wir sündigen, dürfen wir nicht vor ihm fliehen, sondern wir müssen uns vielmehr zu ihm flüchten. Er weiss ohnehin bereits, was wir getan haben und wo wir uns verstecken. Als Vater nimmt der Respekt und die Wertschätzung für meine Kinder dort zu, wo sie zu mir kommen und mir ihre Fehler gestehen, nicht dort, wo ich sie lediglich entdecke. Es kann immer noch sein, dass ich sie strafen muss, wenn sie mir etwas beichten, aber mein Vertrauen in sie nimmt trotzdem zu, auch wenn sie einen Fehler gemacht haben.

Die grösste Freisetzung, die wir jemals erleben können, kommt an dem Punkt, an dem wir wissen, dass unser ganzes Leben im Licht ist. Wir werden sehr viel ruhiger schlafen, wenn wir uns nicht ständig sorgen müssen, ob nicht jemand etwas über uns herausgefunden hat, das wir bisher so sorgsam verborgen haben. Wann auch immer wir in Versuchung kommen, uns zu verstecken, lassen Sie uns den Entschluss fassen, den Herrn noch eindringlicher zu suchen. Erinnern Sie sich an die grosse Verheissung aus Hebräer 4,13–16:

> **Vor ihm bleibt kein Geschöpf verborgen, sondern alles liegt nackt und bloss vor den Augen dessen, dem wir Rechenschaft schulden.**
>
> **Da wir nun einen erhabenen Hohepriester haben, der die Himmel durchschritten hat, Jesus, den Sohn Gottes, lasst uns an dem Bekenntnis festhalten.**
>
> **Wir haben ja nicht einen Hohepriester, der nicht mitfühlen könnte mit unserer Schwäche, sondern einen, der in allem in Versuchung geführt worden ist, aber nicht gesündigt hat.**
>
> **Lasst uns also voller Zuversicht hingehen zum Thron der Gnade, damit wir Erbarmen und Gnade finden und so Hilfe erlangen zur rechten Zeit.**

32. Tag
Furcht

Er (Adam) antwortete: Ich habe dich im Garten kommen hören; da geriet ich in Furcht, weil ich nackt bin, und versteckte mich. (1. Mose 3,10)

Der oben genannte Vers ist die erste Stelle in der Bibel, an der das Wort «Furcht» verwendet wird. Es gibt eine reine und heilige Furcht Gottes, und es gibt eine unheilige Furcht. Hier handelt es sich um unheilige Furcht vor Gott, die nur weiter in die Verderbtheit der Seele führt und die uns vor Gott fliehen lässt, statt dass wir uns zu ihm flüchten.

Die heilige Furcht Gottes würde uns niemals veranlassen, irgendetwas vor ihm verbergen zu wollen. Die heilige Furcht Gottes hat ihre Wurzeln in dem Wissen, dass er Gott ist und dass sich niemand vor ihm verbergen kann. Sie erkennt die Tatsache, dass er allwissend ist und dass wir bestenfalls sehr wenig wissen. Die heilige Furcht Gottes ist der **«Anfang der Weisheit»** (Spr. 9,10), weil sie anerkennt, dass wir seine Hilfe benötigen, um etwas genau erkennen zu können.

Die unheilige Furcht vor Gott entspringt der giftigen Frucht des Baumes der Erkenntnis von Gut und Böse. Sie hat ihre Wurzeln nicht darin, wer Gott ist, sondern vielmehr in unserer eigenen Selbstzentriertheit. Das ist die Art von Furcht, die uns dazu treibt, uns vor Gott und vor anderen zu verstecken. Sie verursacht all die Fassaden und Täuschungsmanöver, die alle Beziehungen der gefallenen Menschheit so sehr bestimmen.

Diese unheilige Furcht entspringt vor allem der Furcht vor Ablehnung. Da der Mensch geschaffen worden war, um mit Gott und anderen Gemeinschaft zu haben, ist Ablehnung eine der schmerzlichsten Erfahrungen der Menschheit; und die Furcht davor ist die Kraft, welche uns Menschen am stärksten zu lähmen vermocht hat. Ablehnung bewirkt entweder, dass sich ein Mensch in die Verborgenheit verkriecht oder dass er versucht, alle anderen zu dominieren, um stets selber derjenige zu sein, der andere zuerst ablehnt. Daher erfordert es grossen Glauben und Vertrauen zu Gott, um trotz unserer Nacktheit aus unserem Versteck zu kommen. Es erfordert grosses Vertrauen, sich verletzbar zu machen, aber es ist der erste Schritt hin zu Erlösung und Wiederherstellung.

Jesus war der Herr der Herrlichkeit, und dennoch hat er sich selbst vollständig seiner Herrlichkeit entledigt, um als verletzliches Menschenkind geboren zu werden. Er machte sich ganz verletzlich und liess es sogar zu, dass die korrupte, gefallene Menschheit ihn schlug und demütigte, ehe sie ihn der letzten und grössten Demütigung des Kreuzes unterwarf. Er wurde verletzlich, damit wir für immer erkennen sollten, wie sehr er uns liebt. Wenn wir wirklich anfangen, das Kreuz zu erkennen, werden wir langsam aus unseren Verstecken kommen. Nur das Kreuz kann uns von unseren grössten Ängsten befreien und es uns ermöglichen, wieder wir selbst zu sein.

Der Mensch lernte die Furcht zu dem Zeitpunkt kennen, als er von der verbotenen Frucht ass. Im Allgemeinen ist Furcht das grösste Einfallstor, durch das der Feind Zutritt zum Leben von Menschen bekommt. Der Teufel kontrolliert die Menschen durch Furcht; aber der Herr leitet Menschen mit Glauben. Dieser Kampf um das Herz eines Menschen entscheidet im Grunde genommen darüber, ob er von Furcht oder Glauben bestimmt wird.

Glaube beginnt damit, dass wir die Annahme Gottes durch das Kreuz kennen lernen. Diese Annahme ist völlig unabhängig davon, was wir getan oder nicht getan haben, sondern sie beruht darauf, was Jesus für uns getan hat. Eines der grössten Zeugnisse für die Gnade Gottes liegt in der Tatsache, dass sie sogar noch für den perversesten Mörder und Sünder gilt. Es ist verständlich, dass viele Menschen gegenüber den spektakulären Bekehrungen in der Todeszelle skeptisch sind, aber die Gnade, die wir am Kreuz finden, reicht aus, um alle zu bedecken, die sich zu ihm flüchten. Der Herr selbst sagte sogar, dass die, denen viel vergeben wurde, viel lieben. Daher lesen wir auch in Römer 5,19–21:

Wie durch den Ungehorsam des einen Menschen die vielen zu Sündern wurden, so werden auch durch den Gehorsam des einen die vielen zu Gerechten gemacht werden.

Das Gesetz aber ist hinzugekommen, damit die Übertretung mächtiger werde; wo jedoch die Sünde mächtig wurde, da ist die Gnade übergross geworden.

Denn wie die Sünde herrschte und zum Tode führte, so soll auch die Gnade herrschen und durch Gerechtigkeit zu ewigem Leben führen, durch Jesus Christus, unseren Herrn.

Wo die Sünde gross geworden ist, ist die Gnade noch grösser geworden. Bedeutet das etwa, dass wir sündigen sollten, damit seine Gnade noch grösser wird und wir ihn um so mehr lieben? Das ist der Gipfel der Täuschung – wie auch Paulus diese Frage bereits in den folgenden Versen in Römer 6,1–4 angesprochen hat:

Heisst das nun, dass wir an der Sünde festhalten sollen, damit die Gnade mächtiger werde?

Keineswegs! Wie können wir, die wir für die Sünde tot sind, noch in ihr leben?

Wisst ihr denn nicht, dass wir alle, die wir auf Christus Jesus getauft wurden, auf seinen Tod getauft worden sind?

Wir wurden mit ihm begraben durch die Taufe auf den Tod; und wie Christus durch die Herrlichkeit des Vaters von den Toten auferweckt wurde, so sollen auch wir als neue Menschen leben.

33. Tag

Die Stimmen

Darauf fragte er: Wer hat dir gesagt, dass du nackt bist? Hast du von dem Baum gegessen, von dem zu essen ich dir verboten habe? (1. Mose 3,11)

Es ist interessant, dass es weder für Adam noch für Eva seltsam war, dass die Schlange mit ihnen redete. Daraus können wir schliessen, dass es dem Menschen vor dem Sündenfall möglich war, ungehindert mit allen Geschöpfen zu kommunizieren und sie mit ihm. Der Sündenfall bewirkte also auch noch den Verfall einer der grössten Gaben des Menschen – die Gabe der Kommunikation.

Es gibt Hochrechnungen, dass selbst das grösste menschliche Genie lediglich 10% seines Gehirns gebraucht. Weshalb liegen die restlichen 90% brach darnieder? Wofür wurden sie ursprünglich gebraucht? Es ist ebenso interessant zu beobachten, dass die Menschen jetzt im Vergleich zu den ersten Menschen im Durchschnitt nur etwa 10% ihrer Lebenserwartung erreichen. Im Verlauf und durch die Vertiefung des Sündenfalls, hat die Lebenserwartung des Menschen direkt proportional abgenommen, ebenso seine geistigen Fähigkeiten.

So sind Adam und Eva also in Sünde und Tod gefallen, weil sie auf die falsche Stimme hörten, auf die Stimme der Schlange. Der Teufel spricht auch heute noch zu uns, und er versucht immer noch, uns zu täuschen, so dass wir uns der Sünde und Rebellion öffnen. Wir müssen jeder Stimme entschlossen entgegentreten, die uns zu Überzeugungen oder Handlungen verführen will, die dem Wort Gottes entgegenstehen. Um dem entgegenzuwirken, müssen wir unsere Fähigkeiten stärken, die Stimme Gottes zu hören, zu verstehen, was er sagt, und seiner Stimme dann zu gehorchen.

Die Menschen, die Gott nicht kennen, glauben, es sei eine Art Wahnsinn, zu meinen, man hätte die Stimme Gottes gehört. Aber die Schrift bestätigt uns ganz deutlich, dass wir nicht wirklich seine Schafe sind, wenn wir die Stimme des Herrn nicht hören. Wir lesen das in Johannes 10,4–5, wo der Herr von sich als dem guten Hirten spricht:

> **Wenn er alle seine Schafe hinausgetrieben hat, geht er ihnen voraus, und die Schafe folgen ihm; denn sie kennen seine Stimme.**
>
> **Einem Fremden aber werden sie nicht folgen, sondern sie werden vor ihm fliehen, weil sie die Stimme des Fremden nicht kennen.**

Der Herr sprach nicht davon, dass die Lämmer seine Stimme kennen, sondern die Schafe. Die Schafe folgen ihrem Hirten, während die Lämmer den Schafen folgen. In gleicher Weise müssen die geistlich noch jungen Menschen solchen Christen folgen, die bereits reifer sind, bis sie es selbst gelernt haben, die Stimme des Herrn zu erkennen. Aber es sollte das Ziel eines jeden Gläubigen sein, die Stimme des Herrn zu kennen und sehr schnell seine Stimme von allen anderen Stimmen dieser Welt unterscheiden zu können.

Viele, die von sich behaupten, Christen zu sein, bestehen darauf, dass der Herr heute nicht mehr redet, da er uns ja die Bibel gegeben hat; aber die Bibel selbst entlarvt diese Lehre als falsch. Uns wird gesagt, dass der Herr sich nicht wandelt, und dass er **«derselbe gestern, heute und in Ewigkeit»** (Hebr.13,8) ist. Er ist kein Autor, der irgendwann einmal ein Buch geschrieben und sich dann zur Ruhe gesetzt hat! Er lebt und will auch heute noch die Beziehung zu den Menschen; er hat die gleichen persönlichen Beziehungen heute, wie er sie schon immer gehabt hat.

Die Bibel ist ein wunderbares Geschenk und sollte immer die Grundlage aller Lehre bilden. Aber der Herr beschränkt seine Beziehung zu seinem Volk nicht auf die eines Lehrers. Er ist auch unser Hirte, und die Schafe folgen ihm, **«denn sie *kennen* seine Stimme»** (Joh. 10,4). Gleichzeitig ist er auch heute noch der Prophet und spricht noch immer durch sein Volk.

Dann ist er auch noch der Bräutigam. Die Qualität jeder Beziehung kann an der Qualität ihrer Kommunikation gemessen werden. Welche Braut würde gerne von ihrem Bräutigam hören, dass er ein Buch für sie geschrieben hat, und die einzige Art, wie er in Zukunft mit ihr kommunizieren würde, wäre die, dass sie dieses Buch liest und daraus all das erfährt, was er von ihr erwartet? Das wäre eine tote Beziehung. Auf die gleiche Weise hat die Lehre, dass der Herr heute ausschliesslich durch die Bibel zu uns spricht, viele tote Gemeinden hervorgebracht, da sie **«den Schein der Frömmigkeit … wahren, doch die Kraft der Frömmigkeit … verleugnen»**, wie wir in 2. Timotheus 3,5 lesen. Der Vers fährt sogar mit der Anweisung fort: **«Wende dich von diesen Menschen ab.»**

34. Tag

Der Fall geht tiefer

Adam antwortete: Die Frau, die du mir beigesellt hast, sie hat mir von dem Baum gegeben, und so habe ich gegessen. Gott, der Herr, sprach zu der Frau: Was hast du da getan? Die Frau antwortete: Die Schlange hat mich verführt, und so habe ich gegessen. (1. Mose 3,12–13)

Der Mann sagte, die Frau sei schuld. Die Frau sagte, die Schlange sei schuld. Da nun Gott die Schlange in den Garten gesetzt hatte, deutete sie damit an, dass letzten Endes Gott schuld sei. Seit diesem Zeitpunkt hat der Mensch immer versucht, Gott die Schuld für seine Probleme in die Schuhe zu schieben. Aber das führt nur zu noch schlimmeren Formen der menschlichen Verderbtheit.

Die drei schlimmsten Übel, die sich aus dem Sündenfall ergaben, waren die folgenden:

1. Selbstbezogenheit, 2. sich verstecken und 3. die Schuld auf andere abschieben. Wenn der Mensch an jedem beliebigen der drei Punkte angehalten und sich zurück zu Gott gewandt hätte, dann hätte der Sündenfall wahrscheinlich nicht zu einer derartig tiefen Verkommenheit der ganzen Rasse geführt, wie er es letzten Endes tat. Wenn wir uns besinnen, ehe dieser Prozess vollständig zur Entfaltung gekommen ist, und uns zurück zu Gott wenden, dann wird uns das genauso davor bewahren, in grössere Probleme zu stürzen.

Wenn jemand sündigt, geht er für gewöhnlich die folgenden Schritte: Zuerst wird er selbstbezogen; das bringt ihn dazu, sich verstecken zu wollen und anzufangen, anderen die Schuld zuzuweisen. Je tiefer die Verderbtheit eingedrungen ist, desto schwieriger ist es, aus diesen Problemen wieder herauszukommen. Diese gewöhnliche Vorgehensweise wurde exemplarisch durch

Präsident Clinton vorgeführt, als seine Affäre ans Licht kam. Zunächst versuchte er, sie zu verbergen. Dann versuchte er in einer hochinteressanten Ansprache an die Nation zu diesem Thema, einen Teil der Schuld auf die Bedrängung durch den Sonderausschuss zu schieben. Im Fall des Präsidenten schien die ganze Nation den Betrug zu durchschauen, aber wie oft durchschauen wir ihn bei uns selbst?

Der Herr vergibt keine Ausreden; er vergibt Sünde. Er ist stets bereit, uns zu vergeben, wenn wir Busse tun. Busse tun bedeutet, dass wir unsere Schuld anerkennen und dass wir einen Fehler gemacht haben. Wenn wir versuchen, die Schuld von uns abzuwälzen, statt Busse zu tun, dann errichten wir nur weitere Mauern zwischen Gott und uns und zwischen uns und anderen. Es kostet Demut, anzuerkennen, dass wir im Unrecht sind, aber Gott schenkt den Demütigen Gnade. Echte Demut ist echte Busse.

Wir können andere für unsere Fehler verantwortlich machen, oder unsere Umgebung, aber das wird uns niemals von den Folgen dieser Fehler befreien. Es kann keine echte Busse geben, solange wir nicht die Verantwortung für unsere Taten übernehmen. Nur echte Busse führt zu Vergebung und Versöhnung, sowohl mit Gott als auch mit Menschen.

In der neueren Geschichte hat die gefallene Menschheit einen scheinbar unablässigen Strom von Philosophien und Psychologien hervorgebracht, deren einziges Ziel es ist, die Verantwortung für die Verderbtheit des Menschen auf unsere Umwelt, auf unsere Erziehung usw. abzuwälzen. Es ist wahr, dass diese Dinge einen Einfluss auf uns haben und dass sie bei der Bildung unseres Charakters eine wichtige Rolle spielen; aber der Weg aus diesem Labyrinth liegt eben nicht darin, die Schuld auf jemand anderen abzuschieben, sondern darin, dass wir anfangen, persönlich Verantwortung für unsere Fehler und Probleme zu übernehmen.

Unsere Umwelt ist nicht das Problem. Der Herr setzte den Menschen in eine vollkommene Umwelt, und der Mensch sündigte trotzdem. Wenn die Umwelt das Problem wäre, hätte der

Herr ja nur die Umwelt erlösen müssen und nicht den Menschen. Der Herr gab dem Menschen Autorität über die Umwelt. Sobald der Mensch erlöst ist, wird er auch in der richtigen Beziehung zur Umwelt stehen und sie verändern können. Dabei geht es wirklich einfach darum, das – sprichwörtliche – Pferd von vorne aufzuzäumen.

Ganz praktisch gesehen heisst das, dass wir Probleme mit unserer Situation oder Umwelt so betrachten sollten, dass wir auf das sehen, was noch bei uns verändert werden muss. Da es der Plan Gottes ist, uns vollständig von den Folgen des Sündenfalls zu erlösen und wiederherzustellen, sollten wir immer unter dem Blickwinkel nach einer Antwort für unser Problem suchen, dass wir eine Veränderung in uns selbst erwarten. In fast allen Fällen wird sich die Antwort mit einem Wort zusammenfassen lassen: «Liebe». So wird uns auch in 1. Korinther 13,8 gesagt: **«Die Liebe hört niemals auf.»** An der Wurzel jeder Lösung für unsere Probleme werden wir immer Liebe finden. Wenn wir nur mehr lieben wollten, dann würde das die allermeisten Situationen verändern, die wir bislang als unsere Probleme betrachten.

Der Herr begann, die Welt dadurch zu verändern, dass er sie so sehr liebte, dass er für sie starb. Ebenso können auch wir anfangen, unsere Welt zu verändern, wenn wir die Menschen um uns herum so sehr lieben, dass wir unser Leben und unsere eigenen Interessen für sie niederlegen. Anstatt immer nur die Schuld von uns abzuwälzen, lassen Sie uns doch unsere Sünde anerkennen und die Verantwortung dafür übernehmen. Dann können wir um die Gnade Gottes bitten, die Menschen um uns herum zu lieben, statt sie immer nur für unsere Probleme verantwortlich zu machen. Wenn wir auf diese Weise wahrhaft lieben, dann wird das Paradies langsam zu uns zurückkehren.

35. Tag

Der Fluch der Schlange

Da sprach Gott, der Herr, zur Schlange: Weil du das getan hast, bist du verflucht unter allem Vieh und allen Tieren des Feldes. Auf dem Bauch sollst du kriechen und Staub fressen alle Tage deines Lebens.
Feindschaft setze ich zwischen dich und die Frau, zwischen deinen Nachwuchs und ihren Nachwuchs. Er trifft dich am Kopf, und du triffst ihn an der Ferse. (1. Mose 3,14–15)

Der erste Fluch fiel auf die Schlange. Wir wissen, dass die Schlange der Teufel war (vgl. Offb. 12,9). Sie war dazu verflucht, sich auf ihrem Bauch fortzubewegen; das scheint auch ein Bild dafür zu sein, wie der Teufel aus dem Himmel auf die Erde verstossen wurde. Von allen Bereichen des ganzen Universums wurde der Teufel ausgerechnet auf die Erde verbannt.

Verglichen mit der übrigen Schöpfung ist die Erde nur wie ein Sandkorn für die Wogen des Ozeans. Wir sind für die übrige Schöpfung lediglich ein Staubkörnchen. Alles Böse dieses Universums ist also auf diesem kleinen Planeten eingesperrt, während die Gerechtigkeit Gottes uneingeschränkt über Milliarden von Galaxien und den ganzen Himmel herrscht, der sogar noch grösser ist. Der Teufel und seine böse Gefolgschaft mögen vielleicht hier für eine Zeit lang die Oberhand behalten, aber verglichen mit der Ewigkeit handelt es sich hierbei nur um einen Augenblick. Der Herrschaftsbereich Gottes ist von unermesslicher Grösse und Ausdehnung. Wie C.S. Lewis einmal geschrieben hat: «Der Herrschaftsbereich Gottes ist so gewaltig, dass selbst in dem Fall, dass alle bösen Taten und Gedanken hier auf der Erde und in der Hölle zusammen genommen und in den Himmel geschleudert würden, sie wahrscheinlich nicht einmal ausreichen würden, um auch nur als ein einziger Gedanke bei dem geringsten aller Geschöpfe dort ins Gewicht zu fallen.»

Für uns, die wir genau an diesem Ort leben, an den der Teufel und seine Horden verwiesen wurden, scheint es oft so, als würde das Böse doch den Sieg davontragen. Daher müssen wir in allen Dingen die richtige Perspektive behalten. Eines steht fest, dass er nämlich auf seinem Bauch daherkriechen muss und somit niedriger ist als alle anderen Geschöpfe.

Der Schlange wurde auch gesagt, dass sie Staub fressen würde. Da der Mensch aus dem Staub der Erde geschaffen worden war, steht dieser in der Schrift oft für das Fleisch des Menschen oder seine fleischliche Natur. Seit dieser Zeit hat sich Satan von der fleischlichen Natur des Menschen ernährt. Jedes Mal, wenn wir seinem Drängen nachgeben und dem Fleisch anstelle des Geistes folgen, dann füttern wir damit den Feind. Paulus schrieb in Römer 8,5–11:

> **Denn alle, die vom Fleisch bestimmt sind, trachten nach dem, was dem Fleisch entspricht, alle, die vom Geist bestimmt sind, nach dem, was dem Geist entspricht.**
> **Das Trachten des Fleisches führt zum Tod, das Trachten des Geistes aber zu Leben und Frieden.**
> **Denn das Trachten des Fleischs ist Feindschaft gegen Gott; es unterwirft sich nicht dem Gesetz Gottes und kann es auch nicht.**
> **Wer vom Fleisch bestimmt ist, kann Gott nicht gefallen.**
> **Ihr seid aber nicht vom Fleisch, sondern vom Geist bestimmt, da ja der Geist Gottes in euch wohnt. Wer den Geist Christi nicht hat, der gehört nicht zu ihm.**
> **Wenn Christus in euch ist, dann ist zwar der Leib tot aufgrund der Sünde, der Geist aber ist Leben aufgrund der Gerechtigkeit.**
> **Wenn der Geist dessen in euch wohnt, der Jesus von den Toten auferweckt hat, dann wird der, der Christus Jesus von den Toten auferweckt hat, auch euren sterblichen Leib lebendig machen, durch seinen Geist, der in euch wohnt.**

Da der Teufel sich nun von der fleischlichen Natur des Menschen nährt, nähren und stärken wir jedes Mal seinen Herrschaftsbereich in unserem Leben, wenn wir in die Fleischlichkeit zurückfallen. Wir müssen es lernen, unseren Geist zu ernähren, nicht unser fleischliches Wesen. Wir nähren unseren Geist, indem wir das rein halten, was wir lesen, ansehen oder auch worüber wir nachdenken. Unser Geist wird ebenso stärker durch Gemeinschaft, und auch wenn wir das Evangelium weitersagen, und wenn wir die Geistesgaben ausüben, die uns gegeben sind. In 1. Johannes 3,7–8+10–11 wird uns gesagt:

Meine Kinder, lasst euch von niemand in die Irre führen! Wer die Gerechtigkeit tut, ist gerecht, wie er gerecht ist. Wer die Sünde tut, stammt vom Teufel; denn der Teufel sündigt von Anfang an. Der Sohn Gottes aber ist erschienen, um die Werke des Teufels zu zerstören.

Daran kann man die Kinder Gottes und die Kinder des Teufels erkennen: jeder, der die Gerechtigkeit nicht tut und seinen Bruder nicht liebt, ist nicht aus Gott. Denn das ist die Botschaft, die ihr von Anfang an gehört habt: Wir sollen einander lieben.

Wir können nicht an Christus teilhaben und dann hingehen und so leben, wie der Feind es uns eingibt. Wenn wir Jesus gehören, dann werden wir der Gerechtigkeit durch Liebe nachjagen. Das ganze Gesetz wird in diesen beiden Geboten zusammengefasst: Gott zu lieben und einander zu lieben. Wenn wir diesem Weg der Liebe in allem folgen, was wir tun, dann werden wir am Wesen des Herrn zunehmen; denn Gott ist Liebe.

36. Tag
Der Fluch der Frau

Zur Frau sprach er: Viel Mühsal bereite ich dir, so oft du schwanger wirst. Unter Schmerzen gebierst du Kinder. Du hast Verlangen nach deinem Mann; er aber wird über dich herrschen. (1. Mose 3,16)

Der Herr hatte Mann und Frau dazu geschaffen, sich fortzupflanzen; aber es war nicht vorgesehen, dass der Geburtsvorgang schmerzhaft sein sollte. Infolge des Sündenfalls wurde der Frau «viel Mühsal» bereitet, die aus der Entfremdung entstand, die durch die Sünde in die Welt gekommen war. Vor dem Sündenfall hatten alle Geschöpfe in Eintracht und Harmonie zusammengelebt. Die Schöpfung auf der Erde hatte mit ihren auserwählten Herrschern zusammengearbeitet. Jetzt gab es Konflikte, und das führt immer zu Schmerzen.

Als ein Teil des Fluches wurde der Mann dazu bestimmt, über die Frau zu herrschen. Das ist eine zunehmend unbeliebte Wahrheit, hauptsächlich auf Grund der tragischen Bedrückung und des Missbrauchs der Autorität von Männern über Frauen. Aus diesem Grund hat der Herr seine eigene «Frauenbewegung», die weit über die des Feindes hinausgehen wird, mit der dieser versucht hat, ihr zuvorzukommen und sie auf Abwege zu führen. Wahre geistliche Autorität wird immer die Befreiung aller Menschen verkünden.

Wahre geistliche Autorität bindet und knechtet nicht, sondern sie befreit. **«Wo der Geist des Herrn wirkt, da ist Freiheit.»** (2. Kor. 3,17) Wahre geistliche Autorität ist eine schützende Abdeckung, die alle befreit, die sich ihr unterordnen, um zu den Menschen zu werden, als die sie geschaffen wurden. Diese Autorität wurde nicht gegeben, um zu unterjochen, sondern vielmehr um zu dienen und alle unter ihrer Abdeckung zu befreien. Sobald der Gemeinde die wahre geistliche Autorität wiedererstattet wird, wie es von Anfang an geplant gewesen war, dann werden sowohl Männer wie auch Frauen freigesetzt, in der Fülle dessen zu leben, für das Gott sie geschaffen hat. Autorität wird dann in Liebe ausgeübt, und nicht im Zorn; alle, die unter dieser wahrhaft liebenden Autorität leben, sind die freiesten Menschen dieser Erde.

Es ist offensichtlich, dass der Mann bereits vor dem Sündenfall eine leitende Rolle hatte, da das Verbot, vom Baum der Erkenntnis zu essen, dem Mann gegeben wurde. Aber es gibt einen Unterschied zwischen «leiten» und «herrschen». Obgleich der Mensch über die Schöpfung herrschen sollte, hat es doch nicht den Anschein, als wäre es die ursprüngliche Absicht gewesen, dass Menschen über andere Männer oder Frauen herrschen. Aber nach dem Sündenfall war die Harmonie zerbrochen. Eine Form der Herrschaft musste eingesetzt werden, damit nicht die ganze Schöpfung in völliges Chaos stürzte, bis es zu einer Wiederherstellung des Zustandes vor dem Fall kommen konnte.

Wir brauchen jetzt diese Form der Herrschaft, um Ordnung zu bewahren. Dennoch ist auch heute wahre Autorität, die für die Erlösung und Wiederherstellung des Menschen wirkt, praktisch erwiesene Liebe. Sie dominiert nicht, auch wenn sie oft klar und fest ist. Wenn Autorität um derer willen ausgeübt wird, die ihr untergeordnet sind, dann befreit sie. Diese Art der Autorität ist selten zu finden, selbst in der Gemeinde. Dennoch müssen wir der wahren Autorität nachjagen, bis wir sie wiedererlangt haben. Deshalb heisst es auch in Epheser 5,22–28:

> **Ihr Frauen, ordnet euch euren Männern unter wie dem Herrn (Christus);**
> **Denn der Mann ist das Haupt der Frau, wie auch Christus das Haupt der Kirche ist; er hat sie gerettet, denn sie ist sein Leib.**
> **Wie aber die Kirche sich Christus unterordnet, sollen sich die Frauen in allem den Männern unterordnen.**
> **Ihr Männer, liebt eure Frauen, wie Christus die Kirche geliebt und sich für sie hingegeben hat, um sie im Wasser und durch das Wort rein und heilig zu machen.**

So will er die Kirche herrlich vor sich erscheinen lassen, ohne Flecken, Falten oder andere Fehler; heilig soll sie sein und makellos.

Darum sind die Männer verpflichtet, ihre Frauen so zu lieben wie ihren eigenen Leib. Wer seine Frau liebt, liebt sich selbst.

Die Ehebeziehung war als Spiegelbild der Liebe und Einheit zwischen Jesus und seiner Gemeinde gedacht gewesen. Solange die Beziehung zwischen Männern und Frauen nicht in dieser Qualität wiederhergestellt ist, kann die Erlösung in unserem Leben nicht vollständig sein.

Die Frau war aus der Seite des Mannes genommen, weil das ihr Platz sein sollte, an seiner Seite. Sie waren in vielem unterschiedlich geschaffen und sollten verschiedene Aufgaben wahrnehmen, aber das gab keinem von beiden eine wichtigere Position: die Männer sollten die Bürde einer bestimmten Form der Autorität tragen, während die Frauen in anderen Bereichen mehr Autorität als die Männer haben. Bei all dem geht es im Reich Gott darum, zu dienen, nicht sich dienen zu lassen. Es muss unser Ziel sein, zu solchen Familien zu werden, die wirklich die Beziehung von Jesus zu seiner Gemeinde widerspiegeln. Dann werden die Männer der Welt auf gläubige Männer sehen und erkennen, dass sie selbst genau dafür geschaffen wurden. Die Frauen der Welt werden auf gläubige Frauen sehen und erkennen, dass sie selbst genau dafür geschaffen wurden. Durch all dies werden wir dann anfangen zu verstehen, was die Pläne Gottes für seine eigene Beziehung zur Gemeinde sind.

37. Tag

Der Fluch des Mannes

Zu Adam sprach er: Weil du auf deine Frau gehört und von dem Baum gegessen hast, von dem zu essen ich dir verboten hatte: So ist verflucht der Acker deinetwegen. Unter Mühsal wirst du von ihm essen alle Tage deines Lebens.
Dornen und Disteln lässt er dir wachsen, und die Pflanzen des Feldes musst du essen.
Im Schweisse deines Angesichts sollst du dein Brot essen, bis du zurückkehrst zum Ackerboden; von ihm bist du ja genommen. Denn Staub bist du, zum Staub musst du zurück. (1. Mose 3,17–19)

Der Apostel Paulus schrieb in 1. Timotheus 2,14: **«Und nicht Adam wurde verführt, sondern die Frau liess sich verführen und übertrat das Gebot.»** Die Frau wurde getäuscht, aber Adam wusste genau, was er tat, als er sich entschied, zu sündigen; und das ist noch viel übler. Die Geschichte hat erwiesen, dass Frauen sich vielleicht leichter von etwas täuschen lassen, aber ebenso, dass Männer sehr wohl wissen können, dass eine Sache böse ist, und sie dann dennoch tun. Die grossen Übeltaten der Weltgeschichte sind fast ausnahmslos von Männern verübt worden. Im Allgemeinen mögen die Männer die Unterscheidung haben, dass etwas schlecht ist; aber die Frauen haben den Mut, sich zu weigern, etwas Schlechtes zu tun, wenn sie es erkennen. Der Herr hat Männer und Frauen so geschaffen, dass sie einander brauchen, wenn sie auf dem Weg des Lebens bleiben wollen.

Wir sehen auch, wie der Boden um des Mannes willen verflucht wurde. Ihm war die Autorität gegeben worden, über die Erde zu herrschen. Daher fiel mit seinem Fall zugleich auch alles, was unter seiner Autorität stand. Durch den Mann kamen Zwietracht und Tod über alle. Deshalb konnte er nun der Erde die Frucht nur noch durch «Mühsal» abbringen. Sie müssen sich erinnern: Der Mensch war geschaffen worden, um zu «arbeiten»; aber es gibt einen Unterschied zwischen «Arbeit» und «Mühsal». Arbeit ist eine Tätigkeit, aber Mühsal ist eine Tätigkeit, die nur durch grosse oder schmerzhafte Anstrengung bewältigt werden kann. Jetzt sollte die Welt, über die der Mensch ursprünglich hatte herrschen sollen, ihm in allen Dingen, die er unternahm, widerstehen. Die Harmonie, die Kommunikation, die Gemeinschaft des Menschen mit seinem Schöpfer und des Menschen mit der Schöpfung waren durch seine Sünde schwer geschädigt worden.

In Apostelgeschichte 3,20–21 macht Petrus eine erstaunliche Bemerkung über die Wiederkunft des Herrn, nämlich dass Gott **«Jesus sendet als den für euch bestimmten Messias. Ihn muss freilich der Himmel aufnehmen bis zu den Zeiten der Wiederherstellung von allem, die Gott von jeher durch den Mund seiner heiligen Propheten verkündet hat.»** Jesus wird von Paulus als der «letzte Adam» bezeichnet, weil er alles wiederherstellen wird, was durch den Sündenfall des ersten Adam verloren wurde. Durch die Erlösung des Kreuzes und durch das Auferstehungsleben Jesu werden Harmonie, Kommunikation und Gemeinschaft zwischen Mensch und Gott, Mensch und Mensch und zwischen Mensch und der Schöpfung wiederhergestellt. Sobald die Erlösung und Wiederherstellung Jesu in unserem Leben zu wirken beginnt, sollten wir auch anfangen, all das neu zu erleben. Wenn diese Harmonie wiederhergestellt ist, dann wird auch unsere Arbeit nicht mehr auf beständigen Widerstand stossen, sondern sie wird uns erfüllen und viel fruchtbarer sein.

Nach dem Sündenfall fiel der Mensch sehr schnell in immer tiefere Formen der Verdorbenheit. Autorität wurde zunehmend pervertiert und bedrückend, und deshalb nahm auch der Widerstand seitens der Schöpfung zu. Sobald wir erlöst und in Jesus, dem «letzten Adam», wiedergeboren sind, müssen wir durch einen Erneuerungsprozess unseres Denkens gehen. So wie unser Denken erneuert wird, werden wir an den Ort der Harmonie mit Gott und der Schöpfung zurückgeführt. Wenn wir derart in unserer Herrschaft oder der Ausübung unserer Autorität erneuert werden, werden wir auch selbst verändert.

Alle Beziehungen sind auf Vertrauen aufgebaut. In unserer gefallenen Natur setzen wir unsere Autorität für selbstsüchtige Ziele ein. Wenn wir verändert werden und in der Liebe Gottes zunehmen, dann werden wir anfangen, Autorität um der anderen willen auszuüben. Sobald Autorität in Liebe eingesetzt wird, wird Schritt für Schritt eine Brücke von neuem Vertrauen aufgebaut. Aufgrund dieser Vertrauensbeziehung wird auch der Widerstand aller, die unter der Autorität des Menschen stehen, und das schliesst die ganze Erde ein, immer mehr nachlassen. Dadurch werden auch die Produktivität und die Fruchtbarkeit zunehmen. Der Fluch der Mühsal wird weggenommen, wenn wir auf diese Weise in unseren ursprünglichen Zustand zurückgeführt werden.

So ist also das richtige Verständnis von Autorität für den ganzen Prozess der Wiederherstellung unbedingt wichtig. Jesus ist der Eine, der über aller Herrschaft und Autorität und Macht steht. Wir können nur in dem Masse wirkliche geistliche Autorität haben, in dem wir in ihm bleiben. Er hat seine Autorität eingesetzt, um sich selbst völlig zu entäussern; er hat sich derart mit uns identifiziert, dass er einer von uns wurde; und dann legte er sein Leben für unsere Rettung nieder. Wenn wir kommen und in ihm bleiben wollen, dann müssen wir die Autorität, die uns anvertraut wurde, auf die gleiche Weise gebrauchen. Wir werden sie gebrauchen, um unsere eigenen Interessen niederzulegen, damit wir den Interessen anderer dienen können. Wir werden uns selbst erniedrigen, um andere hochzuheben. In allem, was wir tun, werden wir nach der Erlösungsbestimmung Gottes suchen und nach der Wiederherstellung all dessen, was durch den Sündenfall verloren wurde.

Allein das Wort «Autorität» hat bereits den negativen Beigeschmack all der Verletzungen, die durch autoritäres Verhalten verursacht wurden. Es gibt einen natürlichen Widerstand gegen Autorität, und Rebellion findet sich im Herzen eines jeden gefallenen Geschöpfs. Diese Tendenz können wir aber nicht durch autoritäres Verhalten überwinden, sondern allein durch die wahre geistliche Autorität, die in Liebe verwurzelt und gegründet ist. Liebe dient.

38. Tag

Die Kleidung

Adam nannte seine Frau Eva (Leben), denn sie wurde die Mutter aller Lebendigen.
Gott, der Herr, machte Adam und seiner Frau Röcke aus Fellen und bekleidete sie damit. (1. Mose 3,20–21)

Dies stellt die erste Prophetie auf das versöhnende Opfer Jesu dar. Adam und seine Frau hatten versucht, sich selbst zu kleiden, aber es war einfach nicht gut genug. Der Herr machte ihnen Kleidung, oder eine Bedeckung, indem er das Blut eines unschuldigen Tieres vergoss. Das ist die Prophetie der Sühne, die Jesus für uns erwirkte, indem er sein Blut für unsere Sünden vergoss.

Wir können unsere Sünde durch nichts bedecken. Unsere guten Werke werden niemals das Böse aufwiegen und uns vor Gott bestehen lassen. Sie können auch nicht die Scham und Verletzung verdecken, die die Sünde unserer Seele zufügt. Nur der Herr kann unsere Sünde bedecken. Bereits die Tatsache, dass wir versuchen, uns selbst zu bedecken, ist eine Beleidigung des Kreuzes Jesu, durch das allein unsere Erlösung erkauft wurde.

Gerade so, wie es die erste Reaktion von Adam und Eva auf ihre Sünde war, auf sich selbst zu sehen, sich nackt zu fühlen, und wie sie dann versuchten, sich selbst zu bedecken und zu verbergen, können wir auch heute noch durch denselben Prozess gehen, auch wenn wir schon Christen sind und das Kreuz Jesu kennen. Aber völlig unabhängig davon, wie wir uns fühlen, müssen wir uns stets zu Gott flüchten, wenn wir sündigen, niemals vor ihm fliehen. Der Preis, den er bezahlte, genügt selbst für unsere schlimmsten Sünden. Wenn wir uns aber weigern, zum Kreuz zu kommen, und wenn wir versuchen, unsere Schuld selbst zu tragen, dann sagen wir damit, dass das Kreuz nicht ausreicht und dass unsere Sünde so gross ist, dass wir den Preis selbst bezahlen müssen. Das ist ein tragischer Irrglaube und eine Form des Stolzes, die nicht nur das Kreuz Jesu beleidigt, sondern auch ganz grundlegend von dem Glauben abweicht, dass das Kreuz für unsere Rettung ausreicht. In 1. Johannes 1,7–9 wird uns gesagt:

Wenn wir aber im Licht leben, wie er im Licht ist, haben wir Gemeinschaft miteinander, und das Blut seines Sohnes Jesus reinigt uns von aller Sünde.

Wenn wir sagen, dass wir keine Sünde haben, führen wir uns selbst in die Irre, und die Wahrheit ist nicht in uns.

Wenn wir unsere Sünden bekennen, ist er treu und gerecht; er vergibt uns die Sünden und reinigt uns von allem Unrecht.

Diese Schriftstelle besagt ganz eindeutig, dass er uns von *aller* Sünde und von *aller* Ungerechtigkeit reinigt. Wenn wir meinen, wir müssten die Strafe für unsere Sünden tragen, dann ist das eine Beleidigung für das Kreuz Jesu. Es ist eine tragische Täuschung, zu meinen, das Kreuz sei nicht genug und dass wir noch etwas dazu tun könnten, um für unsere eigenen Sünden zu bezahlen. Wir können uns niemals selbst bedecken, aber wir können absolut sicher sein, dass die Bedeckung, die er für unsere Sünde geschaffen hat, ausreichend ist. In Epheser 1,7–8 finden wir die folgende Stelle:

Durch sein Blut haben wir die Erlösung, die Vergebung der Sünden nach dem Reichtum seiner Gnade.

Durch sie hat er uns mit aller Weisheit und Einsicht reich beschenkt

In Epheser 2,13 heisst es: **«Jetzt aber seid ihr, die ihr einst in der Ferne wart, durch Christus Jesus, nämlich durch sein Blut, in die Nähe gekommen.»** Das zeigt uns den Sinn des Kreuzes, der mehr ist, als uns nur mit Gott zu versöhnen, sondern es soll uns zurück in diese enge, persönliche Beziehung mit ihm selbst bringen, die er ursprünglich mit den Menschen haben wollte. Er will uns in seine *Nähe* holen. Das wird auch in Hebräer 10,19–22 gesagt:

Wir haben also die Zuversicht, Brüder, durch das Blut Jesu in das Heiligtum einzutreten.
Er hat uns den neuen und lebendigen Weg erschlossen durch den Vorhang hindurch, das heisst durch sein Fleisch.
Da wir einen Hohepriester haben, der über das Haus Gottes gestellt ist, lasst uns mit aufrichtigem Herzen und in voller Gewissheit des Glaubens hintreten; das Herz durch Besprengung gereinigt vom schlechten Gewissen und den Leib gewaschen mit reinem Wasser.

Selbst wenn wir gesündigt haben, können wir doch mit Zuversicht in die Gegenwart Gottes kommen, nicht auf Grund von etwas, das wir tun könnten, sondern durch das Blut Jesu. Alle unsere Sicherheit liegt in ihm, nicht in uns selbst, nicht einmal in unserer Fähigkeit, Busse zu tun. Gerade das gibt uns eine um so grössere Zuversicht, uns Gott zu nahen. Sie müssen sich stets daran erinnern, dass er uns so sehr geliebt hat, dass er seinen einzigen Sohn sandte, um für unsere Sünden zu sühnen. Die Sühne des Kreuzes reicht sogar für die grössten Sünden aus. Diese Sühne versöhnt uns aber nicht nur mit Gott, sondern sie reicht aus, um unser Gewissen zu läutern und uns rein zu machen. Deswegen dürfen Sie es niemals zulassen, dass Ihre Sünden oder Ihr Versagen Sie vom Herrn wegtreiben, sondern sie müssen Sie in seine Arme treiben. Bleiben Sie so lange am Kreuz, bis Sie erneut in seiner Nähe angekommen sind und in der Intimität mit ihm leben.

39. Tag
Die Verbannung

Dann sprach Gott, der Herr: Seht, der Mensch ist geworden wie wir; er erkennt Gut und Böse. Dass er jetzt nicht die Hand ausstreckt, auch vom Baum des Lebens nimmt, davon isst und ewig lebt!
Gott, der Herr, schickte ihn aus dem Garten von Eden weg, damit er den Ackerboden bestellte, von dem er genommen war.
Er vertrieb den Menschen und stellte östlich des Gartens von Eden die Kerubim auf und das lodernde Flammenschwert, damit sie den Weg zum Baum des Lebens bewachten. (1. Mose 3,22–24)

Das ist die Tragödie des Ungehorsams. Der Mensch war für die Gemeinschaft mit Gott geschaffen worden, und diese Gemeinschaft war nun zerstört. Der Garten war für den Menschen geschaffen worden, um sein vollkommenes Zuhause zu sein, aber nach dem Sündenfall konnte er nicht länger dort bleiben. Als Uneinigkeit in unsere Beziehung mit Gott hineinkam, kamen wir auch in Uneinigkeit mit dem Rest der Schöpfung. Der Mensch wohnt nun an einem Ort des beständigen Streits und der Uneinigkeit. Sobald wir erlöst werden und unsere Beziehung zu Gott wiederhergestellt wird, kommen wir auch wieder an den Ort zurück, an dem wir im Einklang mit seiner Schöpfung leben. Das ist ein Teil des Evangeliums und ein Teil der Botschaft, die uns anvertraut wurde, um sie weiterzugeben. Er selbst sagte in Markus 16,15: **«Dann sagte er zu ihnen: Geht hinaus in die Welt und verkündet das Evangelium allen Geschöpfen!»** Das Paradies wird in seinem ursprünglichen Zustand wiederhergestellt werden, wie wir auch in Römer 8,19–22 lesen:

Denn die ganze Schöpfung wartet sehnsüchtig auf das Offenbarwerden der Söhne Gottes.

Die Schöpfung ist der Vergänglichkeit unterworfen, nicht aus eigenem Willen, sondern durch den, der sie unterworfen hat; aber zugleich gab er ihr Hoffnung:

Auch die Schöpfung soll von der Sklaverei und Verlorenheit befreit werden zur Freiheit und Herrlichkeit der Kinder Gottes.

Denn wir wissen, dass die gesamte Schöpfung bis zum heutigen Tag seufzt und in Geburtswehen liegt.

Bei alledem wird aber in der ganzen Schrift vergleichsweise wenig über die Wiederherstellung der Schöpfung gesagt, weil das ganz offensichtlich erst in dem kommenden Zeitalter geschehen wird. Ehe wir gebraucht werden können, um Wiederherstellung zu bringen, muss unsere eigene Beziehung zu Gott wiederhergestellt werden, und dann die Beziehung zu unseren Mitmenschen. Diese Wiederherstellung der Gemeinschaft mit anderen Menschen fängt ganz praktisch mit der Wiederherstellung der ursprünglich vorgesehenen Beziehung zwischen Männern und Frauen an.

Wenn wir uns noch einmal die Flüche ansehen, die auf Grund des Sündenfalls auf Mann und Frau gekommen sind, dann erkennen wir, dass der Kampf der Frau darin besteht, ihre Familie hervorzubringen. Der Kampf des Mannes liegt in seiner Arbeit. Im Allgemeinen liegen die grossen Gaben, die den Frauen mitgegeben wurden, auf der Beziehungsebene. Im Allgemeinen liegen die Hauptgaben der Männer im Bereich ihrer Arbeit. Frauen sind eher auf Menschen ausgerichtet, Männer eher auf Aufgaben. Wir müssen das verstehen, um richtig miteinander zu dem Team werden zu können, das Gott vorgesehen hatte.

Das sind Verallgemeinerungen, die sich auf Männer und Frauen beziehen, und derartige Verallgemeinerungen treffen nur selten immer zu. Fast alle Männer sind bis zu einem gewissen Grad beziehungsorientiert, einige bisweilen vielleicht sogar mehr als manche Frauen. Ebenso sind fast alle Frauen bis zu einem gewissen Grad aufgabenorientiert, einige bisweilen vielleicht sogar mehr als viele Männer. Dennoch ist es im Grossen und Ganzen so, dass Frauen eher auf Beziehungen ausgerichtet sind und Männer eher auf Aufgaben, weil Gott uns so geschaffen hat. Daher müssen sich beide Gaben vereinigen, um die höchsten Ziele im Leben zu erreichen.

Ohne diese Vereinigung werden wir viele grosse Dinge erschaffen oder erreichen, die niemand braucht oder will. Oder wir werden grossartige Beziehungen haben, die gar nichts bringen. Daher kommt es auch, dass viele der grossen Dienste oder Gemeinden, die einzig und allein auf der Leiterschaft von Männern beruhen, vielleicht riesig und ausgedehnt sein mögen, aber es gelingt ihnen nicht wirklich, die Familie Gottes aufzubauen. Die Gemeinde ist zuallererst berufen, eine Familie zu sein, keine Organisation. Sobald wir aufhören, eine Familie zu sein, und nur noch Organisation sind, sind wir keine Gemeinde mehr. Wenn wir aber in das andere Extrem verfallen, dann können wir zwar eine grosse Familie sein, die aber gar nichts für das Reich Gottes erreicht.

Die Grundaussage der Bibel zeigt, dass Gott ein Familientyp ist; und es ist grundlegend für alles, was er auf der Erde tut, dass er seine Familie aufbaut. Er wird sehr oft als unser Vater bezeichnet, und wir sind seine Kinder – es kann aber weder Vater noch Kinder ohne eine Mutter geben. Paulus klagte in 1. Korinther 4,15: **«Hättet ihr nämlich auch ungezählte Erzieher in Christus, so doch nicht viele Väter.»**

Ein Vater ist nicht nur jemand, der leitet, sondern auch jemand, der sich reproduziert. Es gibt heutzutage viele ausgezeichnete Lehrer und Prediger in der Gemeinde, aber nur wenige von ihnen reproduzieren sich und bringen neue Dienste hervor; damit jemand ein Vater werden kann, muss es auch eine Frau geben. Dieser Zustand wird so lange anhalten, bis den Frauen ihr rechtmässiger Platz im Aufbau und in der Leitung der Gemeinde gegeben wird. Wenn sie ihn nicht erhalten, dann werden wir immer auf Projekte ausgerichtet sein und nicht zu der Familie werden, als die wir eigentlich berufen sind. Wenn aber die Beziehungsebene in unserer Struktur die Leiterschaft einer Gemeinde oder eines Dienstes dominiert, ohne dass es zu einer Ausgewogenheit mit der aufgabenorientierten Seite kommt, dann werden wir zwar eine grosse glückliche Gruppe sein, aber nicht viel erreichen. Wir brauchen beides.

40. Tag
Das Opfer

Adam erkannte Eva, seine Frau; sie wurde schwanger und gebar Kain. Da sagte sie: Ich habe einen Mann vom Herrn erworben.
Sie gebar ein zweites Mal, nämlich Abel, seinen Bruder. Abel wurde Schafhirt und Kain Ackerbauer.
Nach einiger Zeit brachte Kain dem Herrn ein Opfer von den Früchten des Feldes dar; auch Abel brachte eines dar von den Erstlingen seiner Herde und von ihrem Fett. Der Herr schaute auf Abel und sein Opfer, aber auf Kain und sein Opfer schaute er nicht. Da überlief es Kain ganz heiss, und sein Blick senkte sich. (1. Mose 4,1–5)

Die ersten beiden Söhne, die Adam und Eva geboren wurden, hatten einen auffallenden Unterschied in ihrem Wesen. Gerade so wie der Herr Männer und Frauen unterschiedlich geschaffen hat, schuf er auch jedes Wesen auf ganz einzigartige Weise. Er liebt offensichtlich die Kreativität. Aber das bringt uns auch zu einer der schwierigsten Fragen: Weshalb ist dann die Gemeinde, die der Welt doch Gott vor Augen führen soll, oft so entsetzlich langweilig und einförmig? Weshalb entbehrt die Gemeinde, die doch mit dem Schöpfer eins sein sollte, so häufig jede Form der Kreativität, folgt lediglich den Tendenzen der Welt und hinkt dabei für gewöhnlich noch Jahre hinterher? Wir, die wir den Schöpfer kennen, sollten doch die schöpferischsten Menschen auf dieser Erde sein. Wir müssen endlich das bedrückende Joch unserer beschränkten Visionen abschütteln, das uns von falschen geistlichen Autoritäten auferlegt wurde, die die Gemeinde in einen unerträglichen Konformismus pressen. Die Gemeinde wird frei werden. Dann wird sie die Welt mit ihrer Kreativität in Erstaunen versetzen, und statt den Trends der Welt zu folgen, wird die Welt beginnen, ihr zu folgen.

Der Kampf um die Freiheit begann bereits unter den ersten beiden Brüdern. Eifersucht führte zu Unterdrückung. Eifersucht hat ihre Wurzeln immer in Unsicherheit, und sie war schon von Anfang an die Quelle der meisten zwischenmenschlichen Konflikte. In Matthäus 27,18 und Markus 15,10 sehen wir, dass Jesus aus Eifersucht an das Kreuz geliefert wurde. Auch in der Apostelgeschichte und den Briefen der Apostel finden wir es immer wieder, dass Verfolgung häufig die Folge von Eifersucht war.

In Jakobus 3,16 wird uns gesagt: **«Wo nämlich Eifersucht und Ehrgeiz herrschen, da gibt es Unordnung und böse Taten jeder Art.»** Die wahre Wurzel fast aller Streitigkeiten innerhalb der Gemeinde ist Eifersucht. Die Menschen mögen Unterschiede in Lehrmeinungen und andere Dinge als Vorwand verwenden, aber in Wirklichkeit liegt darunter meistens Eifersucht. Sie ist die Wurzel der meisten menschlichen Konflikte und der fürchterlichen Bedrückung, die alle Einzigartigkeit und Kreativität ersticken will. Wir müssen es lernen, dieses Übel in unserem eigenen Leben zu entlarven, und darüber Busse tun. Gleichzeitig müssen wir auch dem Einfluss widerstehen, den dieses Übel durch andere auf unser Leben ausüben will.

Die Wurzel der Eifersucht, die sich in Kain zeigte, kann auf seine Beschäftigung zurückgeführt werden. Kain war ein Ackermann, der den Boden bearbeitete. Das zeigt uns, dass er irdisch gesinnt war. Der Boden war verflucht, so dass seine Frucht nur durch Schweiss erworben werden konnte, was auf menschliche Anstrengung oder unsere eigenen Werke hinweist. Für Bauern ist das in Ordnung, aber Kain versuchte, die Früchte seiner eigenen Arbeit dem Herrn als Opfer zu bringen, was niemals ein angenehmes Opfer vor Gott sein kann. Wie auch Paulus in Apostelgeschichte 17,25 sagte: **«Er lässt sich auch nicht von Menschenhänden bedienen.»**

Abel brachte ein Blutopfer dar, das von Gott angenommen wurde. Es war die prophetische Darstellung des Blutopfers Jesu, das das einzige Opfer ist, das Gott angenehm ist. Die Tatsache, dass dieses Opfer vom jüngeren Sohn dargebracht wurde, ist die Prophetie darüber, dass der «letzte Adam» das Opfer darbringen würde, das vor Gott angenehm ist. Von Anfang an hatte Gott bereits für einen Erlösungsplan für die gefallene Welt gesorgt. Auch weisen verschiedene prophetische Zeichen von Anfang an auf Jesus und die Erlösung durch das Kreuz hin.

Die Tatsache, dass Abels Opfer angenommen wurde und sein eigenes nicht, machte Kain sehr zornig. Das steht als prophetisches Zeichen für die Feindschaft, die es zwischen allen geben sollte, die versuchen würden, Gott ihre eigenen guten Werke als Opfer zu bringen, und allen, die auf das Blut Jesu vertrauen. Jesus wurde nicht von den niedrigen Sündern der Gesellschaft verfolgt, sondern von den Selbstgerechten. Das Gleiche gilt auch heute noch. Es gibt viele, die von sich behaupten, sie wären Christen, die sich aber auf ihre eigenen guten Werke als ihre Gerechtigkeit verlassen. Für gewöhnlich verwandeln sie das Neue Testament in ein weiteres Gesetz, in den Baum der Erkenntnis von Gut und Böse. Sie werden genauso gegen alle wüten, die ihr Vertrauen auf die Gerechtigkeit des Kreuzes setzen, und sie verfolgen. Daher können wir in den ersten beiden Söhnen das Wesen der Schlange und das Wesen dessen, der die Schlange durch seinen Tod besiegen würde, erkennen. Vertrauen Sie auf das Kreuz. Es wird Sie für eine Zeit lang der Verfolgung aussetzen, aber der endgültige Sieg ist bereits errungen.

41. Tag

Sünde und Depression

Der Herr sprach zu Kain: Warum überläuft es dich heiss, und warum senkt sich dein Blick?
Nicht wahr, wenn du recht tust, darfst du aufblicken; wenn du nicht recht tust, lauert an der Tür die Sünde als Dämon. Auf dich hat er es abgesehen, doch du werde Herr über ihn. (1. Mose 4,6–7)

Der Ausdruck, dass sich jemandes «Blick senkt», wird in der Bibel als Beschreibung für Depression gebraucht. Depression ist die Neigung eines Menschen, alles aus der negativen und finsteren Perspektive zu betrachten. Dieses Problem nimmt gerade in unserer Zeit dramatisch zu. Es ist auch durchgängig als Ausgangsproblem bei allen Menschen zu finden, die schwere Gewaltverbrechen und Massenmorde begehen. Wir werden in diesem Kapitel sehen, wie es dazu führte, dass Kain seinen Bruder Abel erschlug.

Nicht alle, die an Depressionen leiden, sind potentielle Mörder. Die meisten Menschen, die mit diesem Problem zu kämpfen haben, sind nicht aggressiv und haben das Ganze eher verinnerlicht. Aber bei allen, die ihre Depression nach innen wenden, führt es zur Zerstörung ihrer eigenen Persönlichkeit, im Extremfall sogar zum Selbstmord.

In den oben genannten Versen nennt Gott das Gegenmittel gegen Depression. Es ist so einfach, dass die meisten es gar nicht annehmen können. Manche, darunter einige Richtungen der Psychologie, würden sogar sagen, dass es gerade Gottes Ablehnung von Kain war, die ihn in Depression stürzte, aber das zeugt nur von einem oberflächlichen Verständnis des Problems. Wenn der Herr das Opfer Kains angenommen hätte, dann hätte es ihn in seiner Selbstgerechtigkeit nur bestärkt und verhärtet. Der Herr musste Kains Opfer ablehnen, um seine Perspektive so zu verändern, dass es zu seiner Rettung führen konnte.

Es ist immer schwierig, mit Ablehnung umzugehen; aber sie ist dann gut für uns und nötig, wenn wir etwas Falsches tun. Ablehnung ist der Faktor, der uns zu den grössten Durchbrüchen in unserem Leben verhelfen kann. Es dürfte schwierig sein, auch nur einen einzigen Menschen in der ganzen Geschichte zu finden, der etwas Grosses oder Wichtiges vollbracht hat, welcher in seinem Leben nicht eine heftige Ablehnung oder ein grosses Versagen durchgemacht hätte. Ablehnung lässt uns entweder bitter oder besser werden. Genau das sagte der Herr auch zu Kain. Wie der Herr ihm erklärte, liegt der Weg aus unserer Depression heraus nicht darin, dass uns jemand so annimmt, wie wir sind, sondern darin, dass uns jemand genug liebt, um uns zu korrigieren, damit wir das tun können, was richtig ist. Mit Ausnahme von chemisch verursachten Depressionen sind sie meistens die Folge davon, dass wir etwas Falsches tun oder dass wir etwas nicht tun, von dem wir wissen, dass es richtig ist. Der Weg aus der Depression liegt in dem, was der Herr bereits zu Kain sagte. – Fangen Sie an, zu tun, was recht ist.

Die moderne Psychologie und die Psychoanalyse haben versucht, die Menschen auf ihre Weise von Depressionen zu befreien. Sie griffen die moralischen Standards an, von denen sie meinten, es sei nicht realistisch, wenn man versuchen wollte, danach zu leben. Im Grunde genommen ist es ein Versuch, all das zu verändern, was wir für richtig oder falsch halten. Auf eine Art ist es verständlich, da religiöse Männer und Frauen oft dem Wort Gottes Dinge hinzugefügt haben und so den Menschen eine Gesetzlichkeit auferlegt haben, die ihre Persönlichkeit zerstört. Jedoch ist Sünde immer noch Sünde; und auch wenn wir sagen, es sei keine Sünde, so hat uns der Herr immer noch ein Gewissen gegeben, das ganz von alleine spürt, dass es sehr wohl Sünde ist. Je mehr wir versuchen, diese Tatsache wegzudiskutieren, desto tiefer wird sich die Depression in unserem Leben verwurzeln, wovor auch Kain gewarnt wurde. Der einzige Weg aus dieser Depression heraus liegt darin, über unsere Sünde Busse zu tun und anzufangen, das zu tun, was recht ist.

Es ist an dieser Stelle noch bemerkenswert, dass der Herr Kain nicht befahl, aufzuhören, das Falsche zu tun, sondern einfach zu tun, «was recht ist». Gesetzliche Menschen werden immer darauf drängen, dass andere aufhören, das Falsche zu tun, aber der Herr betonte das Positive, nämlich zu tun, was recht ist. Wie uns bereits Jesus lehrte, ist es die Erfüllung des Gesetzes, wenn wir Gott und unseren Nächsten lieben. Auf diese Weise wird das Positive, das wir aus Liebe tun, uns ganz von allein davon abhalten, das Falsche zu tun. Zum Beispiel werden wir, wenn wir Gott lieben, keine Götzen anbeten. Wenn wir unseren Nächsten lieben, dann werden wir ihn nicht bestehlen, um das beneiden, was ihm gehört, oder ihn töten. Der ganz einfache Weg heraus aus Depression liegt darin, das wir anfangen, in Liebe das zu tun, was recht ist.

Depression und die daraus folgenden Selbstmorde und Morde verbreiten sich unter den Jugendlichen heutzutage wie eine Epidemie. Es ist interessant zu bemerken, dass es scheinbar diese Art von Problemen nicht gegeben hat, ehe die Gesetze gegen Kinderarbeit herauskamen. Natürlich war es notwendig, die Kinder vor dem Missbrauch zu schützen, dem einige zu dieser Zeit ausgesetzt waren. Aber auf der anderen Seite sind diese Gesetze in das entgegengesetzte Extrem getrieben worden und haben den Kindern in Wirklichkeit nur noch grössere Probleme beschert. Sie haben die wichtige Einrichtung der Lehrzeit zerstört, die es den Kindern ermöglicht hatte, Verantwortung zu lernen, und die ihnen gerade in den Jahren eine sinnvolle Beschäftigung gegeben hatte, in denen sie einen Fokus, ein Ziel und Verantwortung am meisten benötigen. Ein englisches Sprichwort besagt: «Faulheit ist die Werkbank des Teufels», und es ist sicherlich wahr, dass er die Faulheit missbraucht hat, die den Jugendlichen durch diese Gesetze aufgezwungen wurde. Aus diesem Grund müssen wir als Eltern unsere Bemühungen verdoppeln, unseren Kindern sinnvolle Pflichten und Verantwortungen zu übertragen, vor allen während ihrer Pubertät. Die Zeit, die jetzt die schlimmsten Jahre darstellt, kann zu ihren besten Jahren werden, wenn sie lernen, zu tun, «was recht ist». Wenn sie in positiver Hinsicht beschäftigt sind, wird Depression kaum ein Einfallstor in ihr Leben finden.

42. Tag

Eifersucht und Mord

Hierauf sagte Kain zu seinem Bruder Abel: Gehen wir aufs Feld! Als sie auf dem Feld waren, griff Kain seinen Bruder Abel an und erschlug ihn. (1. Mose 4,8)

Selbst als es nur zwei Brüder auf der ganzen Erde gab, kamen sie nicht miteinander zurecht. Als es nur zwei zugelassene Autos im ganzen Staat New Jersey gab, hatten sie einen Zusammenstoss! Wir haben einfach ein Problem damit, mit anderen zurechtzukommen. Die Sünde, die dem Menschen das ewige Leben raubte, hat sehr schnell dazu geführt, dass er anderen das Leben nahm: zum Mord. Der Mensch hatte das Wesen des Bösen angenommen, auf das er im Garten gehört hatte. Wie der Herr auch in Johannes 8,44 sagte, als er die Pharisäer tadelte:

> **Ihr habt den Teufel zum Vater, und ihr wollt das tun, wonach es euren Vater verlangt. Er war ein Mörder von Anfang an. Und er steht nicht in der Wahrheit; denn es ist keine Wahrheit in ihm. Wenn er lügt, sagt er das, was aus ihm selbst kommt; denn er ist ein Lügner und ist der Vater der Lüge.**

Das Ziel Satans auf der Erde ist, zu töten und zu zerstören. Er tut dies durch Lügen. In 1. Johannes 3,8 lesen wir: **«Der Sohn Gottes aber ist erschienen, um die Werke des Teufels zu zerstören.»** Der Herr ist gekommen, um alle Lügen und allen Mord zu zerstören, indem er Leben brachte und die Wahrheit offenbarte. In Johannes 17,18 betete der Herr: **«Wie du mich in die Welt gesandt hast, so habe auch ich sie in die Welt gesandt.»** Deshalb ist es genauso unser Ziel hier auf der Erde, die Werke des Teufels zu zerstören, indem wir im Leben und Licht des Herrn wandeln. Der Herr hat uns in Matthäus 16,18 verheissen, dass die Pforten der Hölle die Gemeinde nicht überwinden würden. Das Leben, das wir in Christus haben, ist viel stärker als der Tod. Die Wahrheit, die in Christus ist, ist mächtiger als jede Lüge. Leben und Wahrheit werden letzten Endes siegen.

Um zu verstehen, wie Leben und Wahrheit siegen können, müssen wir die **«Pforten der Hölle»** (Matthäus 16,18; Schlachter) verstehen. Pforten sind Türen oder Zutrittspunkte. Die Pforten der Hölle sind Türen, die die Hölle gebraucht, um Zutritt zur Welt, zur Gemeinde und selbst in unser eigenes Leben zu erhalten. Die ursprüngliche Höllenpforte lag im Garten Eden. Der Teufel verschaffte sich Zutritt zur Welt, indem er den Mann und die Frau, denen die Autorität über die Welt anvertraut worden war, davon überzeugte, seinen Lügen zu glauben. Sobald der Mensch auf den Teufel gehört hatte, der ja **«ein Mörder von Anfang an»** (Joh. 8,44) war, war es für den Menschen unausweichlich, ebenfalls zum Mörder zu werden. Die Lüge, die der Teufel gebrauchte, um den ersten Mord zu ermöglichen, war Neid und Eifersucht.

Kain liess es zu, dass ihn die Eifersucht auf die Annahme seines Bruders durch den Herrn zu einer noch schlimmeren Sünde trieb: zum Mord. Auch heute noch kann man auf der ganzen Welt Neid oder Eifersucht als Auslöser für Mord finden. Uns wird sogar berichtet, dass Jesus aus Eifersucht gekreuzigt wurde (vgl. Mt. 27,18; Mk. 13,10); und auch die Verfolgung, die sich gegen die Apostel und die Urgemeinde erhob, entstand aus Eifersucht (vgl. Apg. 5,17; 13,45).

Wie kann die Gemeinde gebraucht werden, um diese Tür der Hölle zu verschliessen, die sogar zu Mord führen kann? Zuerst einmal können wir keine Autorität über den Teufel im Leben anderer haben, solange er ein Anrecht in unserem eigenen Leben hat. Eifersucht kann letzten Endes zu Mord führen, aber sie ist genauso die Wurzel für viele andere, scheinbar geringere, aber ebenso zerstörerische Sünden. Wie wir bereits weiter oben in Jakobus 3,16 gelesen haben, ist Eifersucht für gewöhnlich mit selbstsüchtigem Ehrgeiz verbunden. Das Ergebnis davon wird immer Unordnung oder Spaltung sein, und das ist die Einfallstür für **«böse Taten jeder Art»**.

Eifersucht kann auch fast immer als wahre Wurzel der Spaltungen innerhalb des Leibes Jesu heutzutage nachgewiesen werden. Die Menschen werden immer versuchen, ihre Taten zu rechtfertigen, und andere Gründe vorgeben, aber für gewöhnlich ist die wahre Wurzel Eifersucht. Sie kann im Herzen von einem jeden von uns aufstehen. Wenn sie das tut und wir nicht darüber Busse tun, dann kann Eifersucht das Werk Jesu zerstören oder ihm zumindest Schaden tun. Und dennoch wird die Gemeinde am Ende diese schrecklichen Pforten der Hölle überwinden. Wie? Liebe ist die Wahrheit, die letzten Endes alle Eifersucht überwinden wird. In 1. Korinther 13,4–8 lesen wir:

Die Liebe ist langmütig, die Liebe ist gütig. Sie ereifert sich nicht, sie prahlt nicht, sie bläht sich nicht auf.
Sie handelt nicht ungehörig, sucht nicht ihren Vorteil, lässt sich nicht zum Zorn reizen, trägt das Böse nicht nach.
Sie freut sich nicht über das Unrecht, sondern freut sich an der Wahrheit.
Sie erträgt alles, glaubt alles, hofft alles, hält allem stand.
Die Liebe hört niemals auf.

Eifersucht hat die ersten beiden Brüder getrennt, aber die Liebe wird letzten Endes alle vereinen, die in Christus sind, so dass nichts Böses gegen sie bestehen kann. Uns ist verheissen, dass «die Pforten der Hölle … sie (die Gemeinde – Einzahl) nicht überwältigen» werden (Matthäus 16,18; Schlachter). Wenn wir eins sind, können uns die Pforten der Hölle nicht überwältigen. Wenn wir getrennt und gespalten sind, dann werden sie es tun. Aber die Liebe wird letzten Endes siegen, und vor dem Ende wird es eine Gemeinde geben, die in Einheit zusammensteht, weil sie einander lieben. Lassen Sie uns jetzt in unseren Herzen den Entschluss fassen, uns nur von der Liebe kontrollieren zu lassen, nicht von Neid und Eifersucht. Wenn wir das tun, können wir gar nicht verlieren, denn **«die Liebe hört niemals auf»**.

43. Tag

Verflucht und verbannt vom Ackerboden

Da sprach der Herr zu Kain: Wo ist dein Bruder Abel? Er entgegnete: Ich weiss es nicht. Bin ich der Hüter meines Bruders?
Der Herr sprach: Was hast du getan? Das Blut deines Bruders schreit zu mir vom Ackerboden.
So bist verflucht, verbannt vom Ackerboden, der seinen Mund aufgesperrt hat, um aus deiner Hand das Blut deines Bruders aufzunehmen.
Wenn du den Ackerboden bestellst, wird er dir keinen Ertrag mehr bringen. Rastlos und ruhelos wirst du auf der Erde sein. (1. Mose 4,9–12)

Ein Fluch lässt die Mächte des Bösen auf uns los. Da der Teufel **«ein Mörder von Anfang an»** (Joh. 8,44) war, gibt es nur wenige Dinge, welche die Mächte des Bösen in solcher Kraft freisetzen wie das Vergiessen unschuldigen Blutes. Hier sehen wir, wie Kain **«verflucht, verbannt vom Ackerboden»** wurde, weil er seinen Bruder ermordet hatte. Die Erde selbst verflucht heute den Menschen in vielen Gegenden, weil unschuldiges Blut auf ihr vergossen wurde. Deshalb konnten auch viele Erweckungen und andere Bewegungen Gottes in diesen Gegenden nicht aufbrechen, ehe die Menschen nicht für die Sünden Busse getan hatten, die von früheren Generationen an diesen Orten begangen worden waren.

Wie kommt es, dass ein Fluch, den eine Generation auf sich selbst lädt, an die nächste weitergegeben werden kann? Das kommt daher, dass jede Sünde, die begangen wird, der herrlichen Harmonie, die ursprünglich in der Schöpfung geherrscht hatte, eine Wunde zufügt. Damit diese Wunden heilen können, müssen sie desinfiziert und verbunden werden; das gilt für die gesamte Schöpfung. Damit die Folgen der Sünde weggenommen werden können, muss es Busse geben, Versöhnung und Wiederherstellung. Ein gutes biblisches Beispiel dafür finden wir in 2. Samuel 21,1:

> **Zur Zeit Davids herrschte drei Jahre hintereinander eine Hungersnot. Da suchte David den Herrn auf (um ihn zu befragen). Der Herr sagte: Auf Saul und seinem Haus lastet eine Blutschuld, weil er die Gibeoniter getötet hat.**

Die Königsherrschaft Davids litt unter einer Hungersnot für eine Sünde, die sein Vorgänger begangen hatte. Der Fluch war nicht auf die Herrschaft Davids gekommen, um ihn zu bestrafen, sondern weil der Boden verflucht war. Als der Fluch offenbar wurde, leistete David denen eine Wiedergutmachung, die von Sauls Sünde verletzt worden waren, damit der Fluch von ihm genommen werden konnte. Daher kommt es auch, dass wir gerechte Männer der Bibel, wie Daniel oder Nehemia, dabei beobachten können, wie sie für die Sünden ihrer Väter um Vergebung bitten. Der Grund, weshalb die Sünden der Väter auf die folgenden Generationen übertragen werden, ist nicht darin zu suchen, dass die Kinder für das bestraft werden sollen, was vorhergegangene Generationen getan haben, sondern vielmehr darin, dass dann der Fluch weggenommen werden kann und Busse und Wiederherstellung möglich werden. Ein Fluch, der auf einer ganzen Gegend lastet, soll die Gerechten aufrütteln und darauf hinweisen, dass hier noch Heilung für eine geistliche Wunde nötig ist.

König David lebte unter dem Gesetz; daher war die einzige Möglichkeit, den Fluch für Sauls Sünde wegzunehmen, dass sich die Gibeoniter am Haus Sauls rächen durften. Unter dem Gesetz galt: **«Auge für Auge, Zahn für Zahn»** (2. Mose 21,24). Aber nun leben wir nicht mehr unter dem Gesetz. Der Fluch ist jetzt durch das Kreuz Jesu von uns genommen.

Dennoch muss Sünde anerkannt und Busse getan werden, damit das Kreuz wirksam werden kann. Damit es stellvertretende Busse geben kann, müssen wir uns mit dem Sünder identifizieren oder ein Mandat für die Busse haben. Es war der König von Israel, der für die Sünde des vorhergegangenen Königs Busse tun musste. Ebenso kann nur ein Weisser für die Sünden der Weissen gegen die Schwarzen Busse tun. Nur ein Baptist kann für die Sünden der Baptisten Busse tun, oder ein Charismatiker für die Sünden der Charismatiker.

In den letzten Jahren hat es einige «Versöhnungsbewegungen» in der Gemeinde Jesu gegeben, die genau dies getan haben. Die Folge davon war die erstaunliche Freisetzung der Gnade Gottes auf ganze Städte, Länder und selbst ganze Weltgegenden. Busse für gesellschaftliche und geistliche Sünden, die im Verlauf der Geschichte begangen wurden, ist nicht das Einzige, was wir benötigen, um Erweckung freizusetzen, aber bisweilen ist es der Funke, der neues Leben und Licht bringt. Unsere persönliche Busse kann die gleichen Ergebnisse in unserem eigenen Leben bringen. Das kann ebenso für ganze Gemeinden gelten. Viele Gemeinden leiden unter einem unnötigen Fluch, weil sie noch nie über frühere Sünden Busse getan haben, die von dieser Gemeinde oder selbst von früheren Leitern dieser Gemeinde begangen wurden.

In der Stelle aus 1. Mose über Kain lesen wir, wie der Fluch des Bodens ihn rastlos und ruhelos auf der Erde werden liess. Weil der Mensch geschaffen worden war, um den Boden zu bestellen, braucht die Erde den Menschen. Wir können uns aber nie völlig zu Hause fühlen oder Frieden mit der Erde haben, ehe nicht alle Flüche weggenommen sind, die das Ergebnis der Sünde von Menschen gegeneinander sind. Deshalb ist auch die ganze Flüchtlingsproblematik, wie z.B. bei Juden und Palästinensern, ein Problem, das den Frieden der ganzen Welt bedrohen kann. Der Grund, weshalb ganze Landstriche sich scheinbar nicht von Armut befreien können, ist oft in den Sünden der vorhergegangenen Generationen zu finden. In allen Dingen kann stellvertretende und eigene Busse der Anfang für die Freisetzung der Gnade und Gunst Gottes in unserem Leben sein.

44. Tag

Weggehen vom Herrn

Kain antwortete dem Herrn: Zu gross ist meine Schuld, als dass ich sie tragen könnte.
Du hast mich heute vom Ackerland verjagt, und ich muss mich vor deinem Angesicht verbergen; rastlos und ruhelos werde ich auf der Erde sein, und wer mich findet, wird mich erschlagen.
Der Herr aber sprach zu ihm: Darum soll jeder, der Kain erschlägt, siebenfacher Rache verfallen. Darauf machte der Herr dem Kain ein Zeichen, damit ihn keiner erschlage, der ihn finde.
Dann ging Kain vom Herrn weg und liess sich im Land Nod nieder, östlich von Eden. (1. Mose 4,13–16)

Als der Herr Kain erklärte, wie er von Depression frei werden könnte, wollte er nicht hören. Wenn wir nicht auf den Herrn hören, werden wir für gewöhnlich nur noch tiefer in Sünde fallen, so wie es mit Kain auch geschah. Kain hätte sich zum Herrn wenden sollen, um sich zu demütigen und Busse zu tun; dann hätte er Hilfe bekommen. Der Herr hatte ihn gewarnt, dass er über die Sünde herrschen müsste, aber er ging immer weiter auf dem Weg, auf dem er sich von der Sünde beherrschen liess.

Es ist dabei interessant, zu beobachten, dass Kain selbst zu diesem Zeitpunkt bereits das Gesetz von Saat und Ernte verstanden hatte, das Paulus später in Galater 6,7 erklärt: **«Täuscht euch nicht: Gott lässt keinen Spott mit sich treiben; was der Mensch sät, wird er ernten.»** Er wusste, dass er seinen Bruder ermordet hatte und dass er deshalb nun selbst in Gefahr war, ermordet zu werden. Dieses Gesetz steht ebenso fest wie das Gesetz der Schwerkraft. Wenn wir also Gnade ernten wollen, dann müssen wir es lernen, bei jeder nur möglichen Gelegenheit Gnade zu säen. Wenn wir Barmherzigkeit empfangen wollen, müssen wir es lernen, bei jeder Gelegenheit, die sich uns bietet, Barmherzigkeit zu säen. Wenn wir Gutes tun, werden wir Gutes ernten. Wenn wir Böses tun, werden wir das Gleiche ernten.

Wenn wir an dieser Stelle lesen, dass Kain Angst hatte, ermordet zu werden, dann könnten wir uns auch die Frage stellen: «Wer soll ihn denn ermorden?» Adam und Eva lebten fast eintausend Jahre. Sie begannen, ihre Berufung zu erfüllen, sich zu vermehren und die Erde zu bevölkern, indem sie viele Söhne und Töchter hatten. Ganz offensichtlich gab es zu dem Zeitpunkt, als Kain Abel erschlug, bereits eine gewisse Bewohnerzahl auf der Erde. Sie waren alle eng verwandt mit Kain, aber er fürchtete sie dennoch. Er hatte seinen eigenen Bruder erschlagen, daher wusste er, dass ein Bruder auch ihn erschlagen konnte. Das war leider auch nur zu wahr, da letzten Endes alle Menschen ihren Namen aus der gleichen Familie haben, und das hat sie noch nie davon abgehalten, einander anzugreifen.

Trotz alledem war der Herr Kain immer noch gnädig. Er gab ihm ein Zeichen, um ihn zu schützen. Im gesamten Verlauf der Geschichte, die Gott mit den Menschen verbindet, hat es sich immer wieder erwiesen, dass Gott uns sehr schnell immer wieder unverdiente Gnade und Barmherzigkeit schenkt. Seine Gnade und Barmherzigkeit sind so gross, dass sie ihn sogar über die Gesetzmässigkeit von Saat und Ernte hinweggehen lassen. In der Bibel finden wir überall immer wieder Beispiele, wie der Herr eine Missernte über die bösen Samen kommen lässt, die der Mensch gesät hat. Allerdings gibt es genauso Beispiele von schnellem Gericht, das die ereilt, die ihre Herzen verhärtet haben und die seine Gnade und Barmherzigkeit als selbstverständlich hinnehmen.

Die schlimmste Folge von Kains Brudermord war aber die Tatsache, dass **«Kain vom Herrn wegging»**. Sehr oft, wenn in der Gemeinde Kämpfe zwischen Geschwistern aufbrechen, oder zwischen ganzen Gemeinden, wird genau das das Endergebnis sein. Viele werden dadurch vom Herrn weggehen. Deshalb war es auch von Anfang an eine der Hauptstrategien Satans, Geschwister dazu zu bringen, einander zu bekämpfen. Er wird auch der **«Ankläger unserer Brüder»** (Offb. 12,10) genannt, weil es eine seiner wirkungsvollsten Waffen ist, wenn er uns dazu bewegen kann, dass wir uns gegenseitig anklagen.

Aus irgendeinem Grund hatte Kain gedacht, Abel wäre der Grund für seine Ablehnung. Aber die Ablehnung von Kains Opfer hatte gar nichts mit Abels Opfer zu tun. Die Lösung für Kains Problem hatte überhaupt nichts mit Abel zu tun, sondern mit Kain selbst. Aber von Anfang an haben die Menschen versucht, andere für ihre Probleme verantwortlich zu machen. Das ist eine der grössten Täuschungen gewesen, die uns von der Gnade Gottes getrennt hat. Sie hat auch zu den verheerendsten Kriegen der Geschichte geführt und zu den verheerendsten Kriegen zwischen Gemeinden in der Kirchengeschichte.

Der Feind versucht immer zuerst, uns auf andere eifersüchtig zu machen. Dann bringt er uns dazu, sie zu beschuldigen, der Grund unserer eigenen Probleme zu sein. Deswegen sind auch Nationen mit ernsthaften Problemen eine solche Gefahr. Es erscheint oft so viel einfacher, jemand anderen zu beschuldigen und ihn dann anzugreifen, anstatt sich um die Lösung der eigenen Probleme zu bemühen. Die Menschen werden sich sehr schnell um uns scharen, wenn wir ihnen einen gemeinsamen Feind vor Augen malen, der unsere Probleme verursacht. Gemeinden und Menschen können sehr gefährlich werden, wenn sie in ernsthaften Schwierigkeiten stecken. Wenn man dann sieht, wie sie anfangen, andere anzugreifen und zu beschuldigen, ist es an der Zeit, sich von ihnen zu trennen. Wir dürfen nicht länger in dieser Falle des Feindes gefangen werden, die ein scheinbar so einfacher und bequemer Ausweg ist, damit wir uns unserem eigenen Versagen nicht stellen müssen. Sonst werden wir nur andere unnötig verletzen. Und was noch schlimmer ist, es wird uns letzten Endes dazu bringen, dass wir **«vom Herrn weggehen»**.

45. Tag

Sie riefen den Namen des Herrn an

Adam erkannte noch einmal seine Frau. Sie gebar einen Sohn und nannte ihn Set (Setzling); denn sie sagte: Gott setzte mir anderen Nachwuchs ein für Abel, weil ihn Kain erschlug.
Auch dem Set wurde ein Sohn geboren, und er nannte ihn Enosch. Damals begann man, den Namen des Herrn anzurufen. (1. Mose 4, 25–26)

Nach der ersten Sünde im Garten ging es mit der Menschheit stetig bergab. Der Herr hatte den Menschen zur Freiheit geschaffen, deshalb liess er ihn auch seinen eigenen Weg gehen. Und dennoch fuhr er in seiner unermesslichen Gnade weiter fort, ihn zu segnen und ihm so viel zu helfen, wie er nur konnte. Der Herr wusste von Anfang an, wie alles enden würde, und von Anfang an hatte er bereits die endgültige Erlösung und Wiederherstellung von aller Sünde des Menschen geplant und vorbereitet.

Die Wege Gottes sind um so viel höher als unsere Wege, dass wir die ganze Ewigkeit brauchen werden, um ihn besser kennen zu lernen. Er hat das Universum wie einen Vorhang ausgebreitet, mit Milliarden und Abermilliarden von Sternen in jeder Galaxie. Er hat die Erde auf eine so schmale Umlaufbahn gesetzt, dass wir bereits bei der geringen Abweichung von drei Millimetern auf eine Strecke von 160 Kilometern entweder erfrieren oder verbrennen würden. Er hat der Erde eine geneigte Achse gegeben, so dass die Jahreszeiten wechseln und die Eiskappen abwechselnd schmelzen, damit sie nicht aus ihrer Umlaufbahn trudelt. Er hat auch dem Mond und den anderen Planeten ihre Umlaufbahnen zugewiesen, damit die verschiedenen Anziehungskräfte die Erde vollkommen stabilisieren. Wenn sich auch nur eine

Komponente verändern sollte, würde die Erde sehr schnell von ihrer Umlaufbahn abweichen, und alles Leben wäre vernichtet. Die Wissenschaftler haben zugegeben, dass selbst alle Computer der Erde zusammengenommen nicht die Wahrscheinlichkeit berechnen könnten, mit der all dies nur «durch Zufall» entstanden ist. Wenn wir anfangen, das unfassbare Gleichgewicht zu betrachten, das die Natur auf diesem Planeten benötigte, um Leben aufrechterhalten zu können, dann erkennen wir, dass die Gedanken Gottes weit, weit höher sind, als wir das mit unserem menschlichen Verstand jemals begreifen könnten. Wenn wir den Himmel ansehen, dann nimmt sich die Erde dagegen wie ein Staubkorn aus, wie ein Sandkorn im Ozean. König David schrieb voll Erstaunen:

Seh' ich den Himmel, das Werk deiner Finger, Mond und Sterne, die du befestigt:

Was ist der Mensch, dass du an ihn denkst, des Menschen Kind, dass du dich seiner annimmst? (Psalm 8, 4–5)

Gott denkt nicht nur an den Menschen, sondern er hat sich dafür entschieden, in ihm Wohnung zu nehmen. Aus irgendeinem unbegreiflichen Grund liebt er uns. Er hat uns sogar so sehr geliebt, dass er sich selbst völlig seiner Macht entkleidete und einer von uns wurde, um uns zu retten. Soweit er das kann, ohne die Freiheit zu verletzen, die er uns selbst gegeben hat, bringt er unsere Fehler wieder in Ordnung und segnet uns, obwohl wir es meistens gar nicht erkennen. Eva mag von der Schlange getäuscht worden sein, aber sie erkannte sehr wohl, dass ihr der Herr einen weiteren Sohn gab.

Nach der Geburt von Enosch, so heisst es hier, begannen die Menschen, den Namen des Herrn anzurufen. Das hebräische Wort, das an dieser Stelle für «anrufen» verwendet wird, heisst *qara,* und es bedeutet mehr, als nur zu ihm zu rufen. Es beinhaltet auch, dass sie anfingen, den Herrn zu «bekennen» oder «anzuerkennen». Es ist der erste Schritt unserer Rückkehr zum Licht. Wenn wir Gott in der Schöpfung nicht erkennen, dann unterliegen wir einer schweren Täuschung. Die Finsternis ist dann so tief, dass wir uns in einem intellektuellen Schwarzen

Loch befinden. Die Bezeichnung «Schwarzes Loch» wird für Anomalien im Weltraum verwendet, deren Anziehungskraft so gross ist, dass nicht einmal das Licht entkommen kann. Die Menschen sind in unserer Zeit in eine solche intellektuelle Verderbtheit gefallen, dass sie Gott überhaupt nicht wahrnehmen können, selbst wenn die wissenschaftliche Beweislage für seine Existenz überwältigend ist. Aber dennoch hat es von Anfang an immer Menschen gegeben, die ihn verkündigten.

Der Mensch mag in die tiefste Verworfenheit fallen; solange er noch genug Licht hat, um den Namen des Herrn anzurufen, kann er noch gerettet werden. Die unfassbare Liebe Gottes wird niemanden hinausstossen, der sich zu ihm wendet, wie uns auch in der Apostelgeschichte 2,21 verheissen ist: **«Und es wird geschehen: Jeder, der den Namen des Herrn anruft, wird gerettet.»** Das wird in Römer 10,12–14 wiederholt und näher ausgeführt:

> **Alle haben denselben Herrn; aus seinem Reichtum beschenkt er alle, die ihn anrufen.**
> **Denn jeder, der den Namen des Herrn anruft, wird gerettet werden.**
> **Wie sollen sie nun den anrufen, an den sie nicht glauben? Wie sollen sie an den glauben, von dem sie nichts gehört haben? Wie sollen sie hören, wenn niemand verkündigt?**

Der Herr beschenkt **«aus seinem Reichtum … alle, die ihn anrufen»**. Das ist der wahre Reichtum des Reiches Gottes – die Wahrheit und Erkenntnis der Wege Gottes. Wir erfahren hier ebenso, dass keiner ohne Verkündigung glauben kann. Wie können wir, die wir mit solchen Reichtümern gesegnet sind, ihn nicht verkündigen? **«Den Namen des Herrn anrufen»** ist mehr, als nur zu ihm zu beten; wir müssen ihn auch verkündigen. Wie könnten wir diesen unbegrenzten Reichtum nicht mit anderen teilen, der aus der Erkenntnis seiner Wege kommt, wenn wir erst einmal von seiner Liebe berührt sind?

46. Tag

Wandeln mit Gott

Nach der Geburt Henochs lebte Jared noch achthundert Jahre … Henoch war fünfundsechzig Jahre alt, da zeugte er Metuschelach.
Nach der Geburt Metuschelachs ging Henoch seinen Weg mit Gott noch dreihundert Jahre lang und zeugte Söhne und Töchter.
Die gesamte Lebenszeit Henochs betrug dreihundertfünfundsechzig Jahre.
Henoch war seinen Weg mit Gott gegangen, dann war er nicht mehr da; denn Gott hatte ihn aufgenommen. (1. Mose 5,19–24)

Henoch ist eine der bemerkenswertesten und inspirierendsten Persönlichkeiten der Bibel. Er ging seinen Weg mit Gott auf eine solche Weise, dass er den Tod nicht schmecken musste, weil Gott ihn einfach von der Erde wegnahm, wie wir auch in Hebräer 11,5 lesen:

Aufgrund des Glaubens wurde Henoch entrückt und musste nicht sterben; er wurde nicht mehr gefunden, weil Gott ihn entrückt hatte; vor der Entrückung erhielt er das Zeugnis, dass er Gott gefiel.

Adam war in den Tagen Henochs noch am Leben. Es ist wahrscheinlich, dass Henoch mit Adam darüber redete, wie es vor dem Sündenfall gewesen war, seinen Weg mit Gott zu gehen. Das muss etwas in ihm ausgelöst haben, ein Verlangen nach der gleichen, engen Beziehung, die Adam einst mit Gott gehabt hatte; und er arbeitete daran. Gott ging darauf ein.

An keiner Stelle der Bibel wird gesagt, dass Henoch der Einzige ist, der dies tun kann. Es ist sogar so, dass wir in Jakobus 4,8 die Verheissung finden: «**Sucht die Nähe Gottes; dann wird er**

sich euch nähern.» Wir alle sind Gott so nahe, wie wir dies selbst wollen. Der Schleier ist zerrissen, und wir alle können durch das Blut Jesu in die Gegenwart des Herrn kommen. Wir können Gott so nahe kommen wie jeder andere in der Bibel. Das ist keine Anmassung, da die ganze Schrift voll mit Einladungen ist, uns ihm zu nahen. Er hat uns ja genau zu diesem Zweck geschaffen, mit ihm Gemeinschaft zu haben. Wenn es irgendeinen Massstab dafür gibt, wie weit die Erlösung bereits in unserem Leben am Wirken ist, dann ist es die Tatsache, wie nahe wir ihm sind. Das Einzige, was uns davon abhält, Gott ebenso nahe zu sein wie Henoch, ist unser eigener Wunsch.

Unser Gott ist ein ehrfurchtgebietender, heiliger Gott. Er ist ein verzehrendes Feuer, und wenn wir uns ihm nähern, dann wird alles Holz, Stroh und Stoppeln in unserem Leben verbrennen. Dennoch müssen wir nicht darauf warten, perfekt zu sein, um uns Gott nahen zu können; denn wir werden gerade dadurch verändert, dass wir ihm nahe sind, wie wir auch in Hebräer 4,15–16 lesen:

> **Wir haben ja nicht einen Hohepriester, der nicht mitfühlen könnte mit unserer Schwäche, sondern einen, der in allem wie wir in Versuchung geführt worden ist, aber nicht gesündigt hat.**
> **Lasst uns also voll Zuversicht hingehen zum Thron der Gnade, damit wir Erbarmen und Gnade finden und so Hilfe erlangen zur rechten Zeit.**

Wenn wir sündigen und so der Gnade Gottes ermangeln, dann müssen wir es lernen, uns zu ihm zu flüchten, nicht vor ihm zu fliehen, wie es Adam und Eva taten. Wir können uns ohnehin vor ihm nicht verstecken, aber er hat es in der ganzen Schrift immer wieder bewiesen, dass er uns niemals zwingt, ihm nahe zu kommen. Wir müssen genug Verlangen danach haben, ihm nahe zu sein, dass wir ihn suchen. Dann hat er in Jeremia 29,13 versprochen: **«Sucht ihr mich, so findet ihr mich. Wenn ihr von ganzem Herzen nach mir fragt.»** Wenn wir ihm so nahe sein wollen, müssen wir es auch wirklich so sehr wünschen, dass wir bereit sind, ihm alles andere zu opfern, was uns ablenken würde.

Wir müssen uns dafür entscheiden, ihn zu suchen, wenn wir sonst andere Dinge tun könnten.

In Judas 14 finden wir eine weitere sehr interessante Bemerkung über Henoch: **«Auch ihnen gilt, was schon Henoch, der siebte nach Adam, geweissagt hat: Seht, der Herr kommt mit seinen heiligen Zehntausenden.»** Henoch ist nach Angaben der Bibel der Erste, der prophezeite. Das zeigt das wahre Wesen und die Grundlage jedes echten prophetischen Dienstes, die einfach darin besteht, Gott so nahe zu kommen, dass wir seine Freunde werden. Freunde teilen ihre Pläne und Ziele miteinander. Deshalb sagte der Herr auch in Amos 3,7: **«Nichts tut Gott, der Herr, ohne dass er seinen Knechten, den Propheten, zuvor seinen Ratschluss offenbart hat.»**

Der Herr hat sich niemals verpflichtet, nichts zu tun, ohne es zuvor seinen Propheten zu offenbaren. Er tut es allein deshalb, weil er es so möchte. Er möchte es so, weil die Propheten seine Freunde sind. Es gibt nichts, was uns davon abhalten könnte, Gott so nahe zu sein. Es gibt nichts, das uns verbietet, unseren Weg so nahe mit Gott zu gehen, dass er uns einfach aufnehmen kann, so wie er es mit Henoch getan hat. Ist es möglich, dass die Entrückung so geschieht?

47. Tag
Noah und die Riesen

Als sich die Menschen über die Erde hin zu vermehren begannen und ihnen Töchter geboren wurden, sahen die Gottessöhne, wie schön die Menschentöchter waren, und sie nahmen sich von ihnen Frauen, wie es ihnen gefiel.
Da sprach der Herr: Mein Geist soll nicht für immer im Menschen bleiben, weil er auch Fleisch ist; daher soll seine Lebenszeit hundertzwanzig Jahre betragen.
In jenen Tagen gab es auf der Erde die Riesen, und auch später noch, nachdem sich die Gottessöhne mit den Menschentöchtern eingelassen und diese ihnen Kinder geboren hatten. Das sind die Helden der Vorzeit, die berühmten Männer. (1. Mose 6,1–4)

Es ist in der Bibel ganz eindeutig dargestellt, dass Engel die Erscheinung von Menschen annehmen können. Daher wird uns auch in Hebräer 13,2 gesagt: **«Vergesst die Gastfreundschaft nicht; denn durch sie haben einige, ohne es zu ahnen, Engel beherbergt.»** Engel sind dienstbare Geister, die den Erben des Heils dienen (vgl. Hebr. 1,14). Sie lieben Gott, und Gott liebt sie. Wir müssen es lernen, uns in der Gegenwart von Engeln wohl zu fühlen, weil sie sehr viel Kontakt mit den Menschen haben, besonders mit Christen. Wir müssen aber ebenso die Grenzen ihrer Beziehung zu den Menschen kennen und auch zwischen den gefallenen Engeln und denjenigen unterscheiden, die ihren Stand behalten haben und Gott weiter dienen.

In der oben aufgeführten Schriftstelle sehen wir, dass es Engel gab (die in der Bibel bisweilen die «Söhne Gottes» genannt werden), die ihren Stand verlassen hatten, um sich mit Frauen zu vereinen, die ihnen dann Kinder gebaren. So entstand eine Rasse von Übermenschen, die Gott nicht geschaffen hatte, die Riesen. Viele Theologen glauben, dass sie die Grundlage für die Götter der griechischen Mythologie und viele andere Legenden waren. Diese Überrasse brachte derartige Verderbtheit und Gewalt hervor, dass die Erde sie nicht ertragen konnte; daher musste sie vernichtet werden.

Der Herr sah, dass auf der Erde die Schlechtigkeit des Menschen zunahm und dass alles Sinnen und Trachten seines Herzens immer nur böse war.
Da reute es den Herrn, auf der Erde den Menschen gemacht zu haben, und es tat seinem Herzen weh.
Der Herr sagte: Ich will den Menschen, den ich erschaffen habe, vom Erdboden vertilgen, mit ihm auch das Vieh, die Kriechtiere und die Vögel des Himmels, denn es reut mich, sie gemacht zu haben.
Nur Noach fand Gunst in den Augen des Herrn.
Das ist die Geschlechterfolge nach Noach: Noach war ein gerechter, untadeliger Mann unter seinen Zeitgenossen; er ging seinen Weg mit Gott. (1. Mose 6,5–9)

Das hebräische Wort, das in Vers 9 für «untadelig» verwendet wird, heisst *tamiym* (tah-mim'). Es bedeutet wörtlich «integer, wahrhaftig, ohne Makel, vollständig, ganz, vollkommen, gesund, unbefleckt» usw. Wir lesen hier, dass Noah ein **«gerechter Mann»** war, das betrifft seinen Charakter. Und er war ein **«untadeliger Mann unter seinen Zeitgenossen»;** man kann das auch mit «untadelig in seinen Generationen» übersetzen. Das hat mit seiner Erblinie zu tun. Es zeigt, dass es in seiner Linie keine Vermischung mit den gefallenen Engeln gegeben hatte. Deshalb sind die Generationen Noahs hier so wichtig. Er war ein reiner Mensch, der keine Vermischung mit den gefallenen Engeln in sich trug.

Gott hat den Menschen vollkommen für seine Bestimmung hier auf der Erde geschaffen. Der Mensch war für die Gemeinschaft mit Gott geschaffen, der Geist ist. Daher wird die Menschheit auch immer einen geistlichen Hunger nach Gemeinschaft mit Gott haben. Es ist auch ganz eindeutig, dass der Herr von Anfang an wusste, wie das Ende aussehen würde, und dass er von vornherein geplant hatte, den Menschen der neuen Schöpfung durch seinen Sohn hervorzubringen. Die neue Schöpfung ist der ursprünglichen weit überlegen, weil der Mensch der neuen Schöpfung mit übernatürlichen Gaben und Kraft ausgestattet ist. Die Bibel sagt ganz eindeutig, dass wir nicht nur die Werke Jesu tun werden, sondern grössere, wie wir in Johannes 14,12–13 lesen können:

> **Amen, amen, ich sage euch: Wer an mich glaubt, wird die Werke, die ich vollbringe, auch vollbringen, und er wird noch grössere vollbringen, denn ich gehe zum Vater.**
> **Alles, um was ihr in meinem Namen bittet, werde ich tun, damit der Vater im Sohn verherrlicht wird.**

Die Christen, die durch den Geist Gottes von neuem geboren wurden, sind eigentlich eine «Überrasse». Aber dies ist nicht das Ergebnis einer fleischlichen Vermischung von Fleisch und Geist. Die Riesen waren der Versuch Satans, die neue Schöpfung vorwegzunehmen, die der Herr hervorbringen wollte, indem er den Menschen seinen Geist gab. Sobald die Gemeinde in die Fülle dessen kommt, wozu sie geschaffen wurde, dann werden die Gläubigen aufgrund der grossen Werke, die sie vollbringen, «berühmte Menschen» sein. Es werden aber Werke der Gerechtigkeit und nicht der Gewalt sein. Sie werden in Liebe gewirkt werden und Heilung und Wiederherstellung bringen, im Gehorsam gegen den Heiligen Geist, der in allen seinen Werken heilig ist.

48. Tag

Das Gericht

Dann sprach Gott zu Noach: Ich sehe, das Ende aller Wesen aus Fleisch ist da; denn durch sie ist die Erde voller Gewalttat. Nun will ich sie zugleich mit der Erde verderben.
Mache dir eine Arche …
Ich will nämlich die Flut über die Erde bringen, um alle Wesen aus Fleisch … zu verderben.
Mit dir aber schliesse ich meinen Bund. Geh in die Arche, du, deine Söhne, deine Frau und die Frauen deiner Söhne! Von allem, was lebt, von allem Wesen aus Fleisch, führe je zwei in die Arche, damit sie mit dir am Leben bleiben …
Noach tat alles genau so, wie ihm Gott aufgetragen hatte.
(1. Mose 6,13–14;17–19;22)

Die Geduld Gottes geht über jeden Verstand. In Offenbarung 2,20–21 sehen wir, dass der Herr sogar Isebel **«Zeit gelassen (hat) umzukehren»**. Aber selbst die Geduld Gottes weist bereits auf das Gericht hin. In Prediger 8,11 heisst es: **«Wo keine Strafe verhängt wird, ist die Bosheit schnell am Werk. Deshalb wächst in den Herzen der Menschen die Lust, Böses zu tun.»** Die Menschen mit einem bösen Herzen werden einen Aufschub der Strafe Gottes immer als Beweis dafür werten, dass er sich nicht um das Böse kümmert, das sie tun. Daher werden sie auch in immer tiefere Verdorbenheit fallen. Nur die wirklich Gerechten oder die Menschen, die noch Gerechtigkeit in ihren Herzen haben, werden auch verstehen, dass seine Geduld ein Erweis seiner Gnade ist.

Er hat Geduld mit uns, damit wir noch Busse tun können. Wie uns auch in 1. Korinther 11,31 gesagt wird: **«Gingen wir mit uns selbst ins Gericht, würden wir nicht gerichtet.»** In Matthäus

21,44 sagt der Herr selbst: **«Und wer auf diesen Stein fällt, der wird zerschellen; auf wen der Stein aber fällt, den wird er zermalmen.»** Es ist für uns besser, auf den Fels zu fallen und zu zerbrechen, als ihn auf uns fallen zu lassen. Es ist besser, wenn wir uns demütigen und Busse tun, als dass er uns richten müsste.

Der Herr gibt uns Zeit, Busse zu tun und uns selbst zu disziplinieren, damit er es nicht tun muss. Aber dennoch hat auch die Geduld Gottes ihre Grenzen. Es gibt einen Punkt, an dem er mit schnellem Gericht auf unsere Sünden reagiert. Es ist ein tragischer Fehler, wenn wir uns ganz selbstverständlich auf seine Gnade verlassen, weil wir eine Zeit lang mit bestimmten Dingen ungestraft davongekommen sind.

Der Herr sah die Verdorbenheit auf der Erde, und er entschloss sich, alles Leben auszulöschen und mit einem kleinen Überrest, den er sich bewahren wollte, noch einmal von vorne anzufangen. Das war der Präzedenzfall für etwas, das wir in der Bibel und in der Geschichte bisweilen wiederholt finden. Die Menschheit hatte eine grossartige Berufung, die Wohnung des Herrn selbst zu sein; dem Teufel war es gelungen, diese Berufung zu verderben und zu pervertieren, so dass er Gott dazu zwang, die Menschen zu zerstören, die er selbst geschaffen hatte. Aber es hat schon immer einen kleinen Überrest gegeben, den der Teufel nicht verderben konnte und den der Herr gebrauchte, um die Menschen weiter auf ihre letzte Bestimmung hinzuführen.

Es gibt viele Einzelne, Familien, Gemeinden und Bewegungen, die eine hohe Berufung hatten und bei denen es dem Teufel ebenso gelungen ist, sie zu verderben. Der Herr selbst musste viele von ihnen wegnehmen, die er doch berufen hatte. Dennoch gibt es auch da für gewöhnlich einen kleinen Überrest, den er als Samen gebrauchen kann, um seine Pläne an einem anderen Ort oder zu einer anderen Zeit weiter fortzuführen. Daher kommen auch viele der grössten Leiter, die grosse Dinge für das Reich Gottes vollbringen, aus einer vorangegangenen Bewegung oder Gemeinde, die aber versagt hat.

Viele Menschen, die das Trauma einer Gemeindespaltung oder -auflösung durchmachen, lassen es zu, dass dieses Erlebnis sie derart neutralisiert, dass sie nie wieder wirksam für das Reich Gottes gebraucht werden können. Andere bauen eine Arche, mit der sie sich über die Fluten des Gerichts erheben können, und bewahren so einen Rest, der künftig ihre Ziele erfüllen kann.

Wie wir bereits gesagt haben, kann uns nichts geschehen, was Gott nicht für unsere Reifung zugelassen hätte. Diese Dinge lassen uns entweder bitter oder besser werden. Jesus ist die Arche, in die wir uns flüchten können, um uns über alle Probleme oder Situationen zu erheben, die über die Erde kommen mögen. Wenn wir in ihm bleiben, dann kann uns keine Flut überwältigen. In ihm finden wir einen Frieden, den kein Sturm durchdringen kann. Er ist die feste Burg, die kein Feind jemals einnehmen kann. Wenn wir vor bestimmten Situationen stehen, in denen wir wissen, dass Zerstörung auf uns zukommt, dann fliehen wir nicht einfach vor der Situation, sondern wir flüchten uns in die Arche.

Wenn wir in Christus bleiben, dann bleiben wir in seinem Geist. Sein Geist erweist sich in: **«Liebe, Freude, Friede, Langmut, Freundlichkeit, Güte, Treue, Sanftmut und Selbstbeherrschung ...»** (Gal. 5,22–23) Wenn wir vollständig in ihm bleiben, dann kann nichts diese Frucht in unserem Leben rauben. Kein Angriff kann uns davon abhalten, zu lieben, von der Freude des Herrn erfüllt zu sein, Geduld mit unseren Bedrängern zu haben, oder uns dazu bewegen, keine Freundlichkeit, Güte, Sanftmut, Treue oder Selbstkontrolle mehr zu zeigen. Die Angriffe des Feindes sind dazu gedacht, die Frucht des Geistes in unserem Leben zu beschmutzen, damit wir unseren Platz verlassen, nicht mehr in der Arche bleiben und mit der Flut untergehen.

49. Tag

Der Bund

Der Herr sprach bei sich: Ich will die Erde wegen des Menschen nicht noch einmal verfluchen; denn das Trachten des Menschen ist böse von Jugend an; ich will künftig nicht mehr alles Lebendige vernichten, wie ich es getan habe.
Solange die Erde besteht, sollen nicht aufhören Aussaat und Ernte, Kälte und Hitze, Sommer und Winter, Tag und Nacht.
Dann sprach Gott zu Noach und seinen Söhnen, die bei ihm waren: Hiermit schliesse ich meinen Bund mit euch und mit euren Nachkommen und mit allen Lebewesen bei euch, mit den Vögeln, dem Vieh und allen Tieren des Feldes, mit allen Tieren der Erde, die mit euch aus der Arche gekommen sind.
Ich habe meinen Bund mit euch geschlossen: Nie wieder sollen alle Wesen aus Fleisch vom Wasser der Flut ausgerottet werden; nie wieder soll eine Flut kommen und die Erde verderben.
Und Gott sprach: Das ist das Zeichen des Bundes, den ich stifte zwischen mir und euch und den lebendigen Wesen bei euch für alle kommenden Generationen:
Meinen Bogen setze ich in die Wolken; er soll das Bundeszeichen sein zwischen mir und der Erde.
(1. Mose 8,21–22; 9,8–13)

Weil die Herzen der Menschen ganz dem Bösen verkauft waren, war Gericht nötig gewesen. Und dennoch gab der Herr der Erde durch das Gericht die Chance zu einem neuen Anfang. Von Zeit zu Zeit würde er Städte, Regionen oder Kulturen richten müssen, aber er richtete an dieser Stelle seinen ersten Bund mit den Menschen auf: Er würde die Erde nicht länger verfluchen, noch würde er die ganze Erde noch einmal durch eine Flut vernichten. Dann setzte er den Regenbogen als Zeichen seines Bundes in die Wolken. Von diesem Zeitpunkt an sehen wir jedes Mal, wenn in der Schrift Regen erwähnt wird, wie dieser von Segen spricht.

Weshalb sollte der allmächtige Gott mit dem gefallenen Menschen einen Bund schliessen? Wenn zwei einen Bund schliessen, müssen für gewöhnlich beide etwas dazu beitragen. Wenn der Bund lediglich einseitig ist, dann liegt es daran, dass der stärkere Bundespartner den schwächeren dominieren kann. Der Allmächtige Gott braucht nichts vom Menschen, und dennoch trifft er immer wieder Abmachungen mit dem Menschen, die so einseitig zu Gunsten des Menschen ausfallen. Eines der grössten Probleme für unseren Glauben ist schon immer die Fähigkeit des Menschen gewesen, überhaupt glauben zu können, dass solche Abmachungen tatsächlich existieren können. Der Mensch hat ausser seinem Gehorsam nichts, was er Gott als Gegenleistung geben könnte; aber das ist auch alles, was Gott möchte. Tod und Teufel kamen auf Grund des Ungehorsams des Menschen in die Welt. In gleicher Weise kann Gehorsam die Erde wiederherstellen, wie wir auch in Römer 5,19 lesen:

Wie durch den Ungehorsam des einen Menschen die vielen zu Sündern wurden, so werden auch durch den Gehorsam des einen die vielen zu Gerechten gemacht werden.

Der allmächtige Gott hat dem Menschen immer wieder sein Wort gegeben, und er hat sein Wort noch nie gebrochen. Später hat er mit Abraham und Israel und dann mit allen, die dem Kreuz vertrauen wollten, einen Bund geschlossen. Er hat sich an sein Wort gebunden, und er bleibt treu. Alles, was er als Gegenleistung von uns erwartet, ist unser Gehorsam. Und auch das geschieht um unseretwillen, für unsere Rettung.

Unter dem Neuen Bund hat Gott nicht nur Vorsorge für unsere vollkommene Wiederherstellung von allen Folgen des Sündenfalls getroffen, sondern durch den Neuen Bund wird der Mensch an eine höhere Stelle gesetzt, als er sie jemals vor dem Fall innehatte. Der Mensch der neuen Schöpfung geht nicht nur seinen Weg mit Gott, sondern Gott lebt in uns. Das geht sogar über den Verstand der Engel. Gott gibt allen, die ihm gehorchen, nicht allein ewiges Leben, sondern er macht sie auch noch zu Söhnen und Töchtern. Er kommt und nimmt Wohnung in ihnen. Wir können ihm nichts anderes dafür geben als unsere Liebe und unseren Gehorsam. Ist er nicht würdig, mit jedem Gedanken angebetet zu werden und all unseren Gehorsam zu empfangen?

In Römer 1,5 und 16,26 schreibt Paulus vom **«Gehorsam des Glaubens».** Echter Glaube ist gehorsam. Wir treten durch den Glauben an das Kreuz Jesu in den Neuen Bund mit ein. Es geschieht nicht durch Werke, da das Gesetz bewiesen hat, dass wir in unserer eigenen Kraft niemals die Massstäbe der Gerechtigkeit Gottes erfüllen können. Aber angesichts der Tatsache, dass wir versagen, solange wir versuchen, dem Gesetz in unserer eigenen Kraft zu gehorchen, gibt uns der Herr Gnade, ihm zu gehorchen. Diese Gnade ist uns durch den Heiligen Geist gegeben, den er gesandt hat, um in uns zu wohnen. Gott schliesst nicht nur einen Bund mit uns, auch wenn wir ihm nichts im Ausgleich dafür zu bieten haben, sondern er stellt uns auch das noch zur Verfügung, was er von uns im Gegenzug erwartet. Wenn wir ihn genug lieben, um ihm gehorchen zu wollen, dann wird er uns mit allem versorgen, damit wir im Gehorsam gehen können. Wenn wir uns auf diesen Bund mit ihm einlassen, dann gibt er uns alles, was ihm gehört, und macht uns zu seinen Kindern. In der ganzen Ewigkeit wird es nie wieder einen solchen Austausch, ein solches Geschäft oder eine solch goldene Gelegenheit wie diese geben!

Lassen Sie uns unserer Liebe und Wertschätzung Ausdruck verleihen, indem wir dem Geist gehorchen, den er in uns hineingelegt hat. Alles, was er von uns möchte, ist, ihn und unseren Nächsten zu lieben. Wie könnten wir den Einen mit dem herrlichsten, grosszügigsten, liebenswürdigsten Wesen auf der ganzen Welt nicht lieben? Wie sollten wir uns nicht selbst vollständig hingeben, um ihm in allen Dingen zu gefallen?

50. Tag

Von Babylon bis Abraham

Sie sagten zueinander: Auf, formen wir Lehmziegel, und brennen wir sie zu Backsteinen. So dienten ihnen gebrannte Ziegel als Steine und Erdpech als Mörtel.
Dann sagten sie: Auf, bauen wir uns eine Stadt und einen Turm mit einer Spitze bis zum Himmel, und machen wir uns damit einen Namen, dann werden wir uns nicht über die ganze Erde zerstreuen.
Da stieg der Herr herab, um sich Stadt und Turm anzusehen, die die Menschenkinder bauten.
Er sprach: Seht nur, ein Volk sind sie, und eine Sprache haben sie alle. Und das ist erst der Anfang ihres Tuns. Jetzt wird ihnen nichts mehr unerreichbar sein, was sie sich auch vornehmen.
Auf, steigen wir hinab, und verwirren wir dort ihre Sprache, so dass keiner mehr die Sprache des anderen versteht.
Der Herr verstreute sie von dort aus über die ganze Erde, und sie hörten auf, an der Stadt zu bauen.
Darum nannte man die Stadt Babel (Wirrsal), denn dort hat der Herr die Sprache aller Welt verwirrt, und von dort aus hat er die Menschen über die ganze Erde zerstreut. (1. Mose 11,3–9)

Im Garten Eden waren zwei Arten von Samen prophezeit worden, die vom Menschen kommen sollten. Einer ist der Same der Schlange, deren Natur dem Menschen eingepflanzt wurde, als er auf ihre Stimme hörte und ihr gehorchte. Der andere Same ist der, der von der Frau kommen und der Schlange den Kopf zertreten sollte, das ist Jesus. Sobald die ersten beiden Söhne geboren waren, sehen wir die Anfänge des Wesens dieser Samen. Die Bibel ist eine Aufzeichnung der Entwicklung dieser beiden Samen im Menschen, und wie Gott mit ihnen umgeht. Der eine bringt Jesus hervor, und der andere wird, wenn er vollständig ausgereift ist, den Antichristen hervorbringen. Die Geschichte des Turmbaus zu Babel ist eine tiefgründige Offenbarung des Samens, der den Antichristen hervorbringen wird. Da liegt die Wurzel des «Geheimnisses von Babylon», das wir in der Offenbarung wiederfinden.

Wir denken oft an die Schlange nur in ihrer offensichtlichsten, bösen Form. Aber der Baum, dessen Frucht den Tod bringt, ist der Baum der Erkenntnis sowohl von Gut als auch von Böse. Die gute Seite des Baumes der Erkenntnis ist ebenso tödlich wie die böse Seite, und sie ist weit trügerischer. Die wirkungsvollste Verkleidung Satans ist es, wenn er als **«Engel des Lichts»** (2. Kor. 11,14) erscheint, was man auch mit «Bote der Wahrheit» übersetzen könnte. Satan hat der Wahrheit immer schon den grössten Schaden zugefügt, wenn es ihm gelungen ist, durch religiöse Menschen zu wirken; daher waren auch die meisten religiösen Menschen zur Zeit Jesu seine schärfsten Gegner. Aber das wahre Wesen solcher Menschen kann für gewöhnlich mit den Menschen gleichgesetzt werden, die den Turm in Babylon errichten wollten.

Das Ziel dieser Menschen erschien sehr edel, einen Turm bis zum Himmel erbauen zu wollen. Aber ihr Wesen wird hierbei durch zwei sehr einfache Dinge offenbart. Zum einen liegt es in ihrem Beweggrund, den Turm zu erbauen. Sie taten das nicht, um Gott näher zu sein, sondern um einen Namen für sich selbst zu schaffen und um ein Projekt zu haben, um das sich die Menschen scharen könnten. Die zweite Art, wie ihr Wesen offenbart wird, liegt in ihrer Bauweise, die auf ihrer eigenen Weisheit und Stärke beruht. Daher kommt die auch noch heute bestehende Annahme, Menschen könnten das göttliche Wesen durch ihre eigene Weisheit und Stärke erwerben. Aber der Herr sagte bereits in Sacharia 4,6: **«Nicht durch Macht, nicht durch Kraft, allein durch meinen Geist.»**

Was die Menschen von Babel vergeblich gesucht hatten, war etwas, das der Herr dem Menschen ohnehin geben wollte. Er möchte, dass wir zusammen mit ihm an himmlischen Örtern wohnen, er möchte uns zu sich sammeln. Wir können das aber nicht mit selbstsüchtigen Motiven oder unserer eigenen Kraft erreichen. Es mag auch wie ein törichtes Unterfangen der Menschen aussehen, aber scheinbar haben es die Menschen noch immer nicht ganz aufgegeben, einen solchen Turm bauen zu wollen. Christen fallen ebenso darunter wie andere Menschen. Wie viele ungeheure Projekte hat es nicht schon gegeben, die von Christen begonnen worden sind – angefangen bei Kathedralen bis zu einigen grossen Evangelisationsveranstaltungen –, die lediglich dem Zweck dienen sollten, sich selbst einen Namen zu machen oder ein Projekt zu sein, das die Menschen sammeln und motivieren sollte? Viele nehmen derartige Dinge sogar in Angriff, um Gott damit zu berühren oder um von ihm angenommen zu werden. Aber ein echter Dienst entsteht nicht aus dem Bestreben, Gott zu berühren. Er kommt daher, dass wir bereits von Gott durch das Kreuz berührt worden sind. Ein wahrer Dienst entsteht nicht aus der Bemühung, von Gott angenommen zu werden, sondern er entspringt der Tatsache, dass wir von ihm bereits durch das Kreuz angenommen worden sind.

Die Reaktion des Herrn auf den Turmbau zu Babel war es, die Sprache der Menschen zu verwirren, so dass sie nicht länger an dem Turm bauen konnten. Ihr Projekt bewirkte also eigentlich genau das Gegenteil von dem, was sie eigentlich beabsichtigt hatten. Was sind die Resultate von vielen der geistlichen Projekte, die wir als Christen entwerfen? Sind es nicht oft die gleichen? Inzwischen hat sich die Gemeinde in mehr als zehntausend verschiedene Denominationen und Bewegungen oder «Sprachen» gespalten. Es ist völlig gleichgültig, wie sehr wir versuchen, den Namen Gottes für unsere eigenen Zwecke einzuspannen; solange unsere Motivation dabei selbstsüchtig oder voller Ehrgeiz ist, oder wir versuchen, Menschen um etwas anderes als unseren Herrn Jesus selbst zu scharen, wird dies letzten Endes zu immer noch mehr Spaltungen führen. Der einzige Weg in den Himmel, oder wie man Menschen um sich schart, liegt darin, uns um den Herrn Jesus zu scharen. Er sitzt auf dem Thron an himmlischen Örtern, weit über jeder Herrschaft, Macht und Autorität. Wenn wir in ihm bleiben, dann werden wir auch dort sitzen.

Nach der Geschichte des Turmbaus zu Babel kommen wir zu Abraham, der das Gegenstück Gottes zur Torheit von Babel war.

Der Herr sprach zu Abraham: Zieh weg aus deinem Land, von deiner Verwandtschaft und aus deinem Vaterhaus in das Land, das ich dir zeigen werde.
Ich werde dich zu einem grossen Volk machen, dich segnen und deinen Namen gross machen. Ein Segen sollst du sein.
Ich will segnen, die dich segnen; wer dich verwünscht, den will ich verfluchen. Durch dich sollen alle Geschlechter der Erde Segen erlangen. (1. Mose 12,1–3)

Durch den Glauben erlangte Abraham genau die Dinge, nach denen die Menschen von Babel vergeblich mit ihrer eigenen Kraft und Weisheit gestrebt hatten – einen Namen, der von allen Generationen in Ehren gehalten werden würde, und einen Platz in der Stadt Gottes, in der sich eines Tages alle Menschen wieder versammeln würden. Im folgenden Text aus Hebräer 11,8–10 sehen wir, wie ihm dies gelang:

Aufgrund des Glaubens gehorchte Abraham dem Ruf, wegzuziehen in ein Land, das er zum Erbe erhalten sollte; und er zog weg, ohne zu wissen, wohin er kommen würde.
Aufgrund des Glaubens hielt er sich wie ein Fremder im verheissenen Land wie in einem fremden Land auf und wohnte mit Isaak und Jakob, den Miterben derselben Verheissung, in Zelten.
Denn er erwartete die Stadt mit den festen Grundmauern, die Gott selbst geplant und gebaut hat.

Abraham mag nicht gewusst haben, wohin er ging, aber er wusste genau, wonach er suchte. Der Glaube Abrahams erweist sich in der Tatsache, dass er einfach gehorchte, als er gerufen wurde. Im Gegensatz zu den Männern von Babel hat Abraham gar nichts erbaut. Er wurde sehr reich und hätte mit Leichtigkeit eine Stadt erbauen können, aber er lebte sein Leben lang in Zelten. Er suchte nicht nach einer irdischen Stadt, sondern nach einer himmlischen. Da er wusste, dass sein Aufenthalt auf der

Erde nur vorübergehend war, machte er sich auch keine allzu grossen Sorgen darüber, in einem Zelt zu leben.

Es gibt ein englisches Sprichwort, das besagt, dass man «den Kopf derart im Himmel» haben kann, dass man «auf der Erde zu nichts nütze» ist. Das klingt vielleicht ganz nett, aber eigentlich ist genau das Gegenteil der Fall. Wenn wir unseren Sinn zu sehr auf die Erde gerichtet haben, dann sind wir weder für den Himmel noch für die Erde zu gebrauchen. Abraham war ein Fremdling und Wanderer auf der Erde. Sein Lebensziel war es, in der Stadt einen Platz zu bekommen, die Gott erbaute, nicht in einer menschlichen Stadt. Weil sein Blick auf Gott, statt auf Menschen, gerichtet war, wurde er zu einem Segen für alle Generationen dieser Erde. In gleicher Weise werden alle, die sich den ewigen Zielen Gottes hingeben, auch bei weitem mehr für die erreichen, die auf der Erde leben.

In Johannes 8,39 wird ein interessanter Streit zwischen den Pharisäern und Jesus wiedergegeben: **«Sie antworteten ihm: Unser Vater ist Abraham. Jesus sagte zu ihnen: Wenn ihr Kinder Abrahams wärt, würdet ihr so handeln wie Abraham.»** Der Apostel Paulus führt dies in Galater 3,6–7 noch weiter aus: **«Von Abraham wird gesagt: Er glaubte Gott, und das wurde ihm als Gerechtigkeit angerechnet. Daran erkennt ihr, dass nur die, die glauben, Abrahams Söhne sind.»** Wir sind nicht die Erben des Glaubens, weil wir wissen, dass wir durch den Glauben leben müssen, sondern wir werden dadurch zu Erben des Glaubens, indem wir auch wirklich Glauben haben und ihn dadurch beweisen, dass wir so handeln wie Abraham. Wir müssen uns ganz der Suche nach der Stadt weihen, die der Herr baut, und wir müssen alles opfern, was nötig sein sollte, um daran teilzuhaben.

Abraham war offensichtlich von adeliger Abstammung in einer der grössten Kulturen dieser Erde. Ihr Wissensstand im Bereich von Technologie und Wissenschaft ging weit über den jeder anderen Kultur jener Zeit hinaus. Die Chaldäer waren die Wächter über die grossen Weltwunder; aber in Abrahams Herz brannte ein Feuer, und er wollte an etwas teilhaben, das sehr viel grösser war alles, was Menschen erbauen konnten. Er glaubte Gott und war bereit, alles zurückzulassen, was er bislang gekannt hatte. Er verliess das grossartigste Leben, das zu dieser Zeit nur möglich war, um den Willen des Herrn an einem ihm unbekannten Ort zu suchen. Glaube blickt weit über alles hinaus, was andere Menschen sehen können. Glaube sieht mit den Augen des Herzens und verlässt sich mehr auf das, was mit dem Herzen gesehen werden kann, als auf das, was mit den natürlichen Augen zu sehen ist.

Weshalb ist der Glaube für Gott so wichtig? Weshalb offenbart er sich nicht einfach und zeigt uns ganz eindeutig, was er von uns erwartet? Er sucht nach Söhnen und Töchtern, die Miterben mit seinem Sohn sein werden. Der Fall des Menschen kam, als er an Gott zweifelte, und durch Glauben werden wir wiederhergestellt. Wahrer Glaube kommt aus dem Herzen, nicht nur aus dem Kopf.

Satan war im Thronsaal Gottes gewesen; er hatte seine ganze Herrlichkeit gesehen und ist dennoch gefallen. Allein die Tatsache, dass wir Gott sehen, wird uns nicht davon abhalten zu fallen. Als seinen Miterben wird er uns sogar noch mehr Macht anvertrauen, als sie Satan je hatte. Jetzt beweisen wir durch unseren Glauben und Gehorsam, dass wir die Wahrheit und ihn mehr lieben als unser eigenes Leben.

Selbst wenn wir auch dann fallen können, wenn wir die Herrlichkeit Gottes gesehen haben, wie Satan bewiesen hat, ist es dennoch schwierig, den Herrn nicht anzubeten, wenn wir seine Herrlichkeit sehen. In alle Ewigkeit wird die ganze Schöpfung wissen, dass ihn seine Söhne und Töchter angebetet haben und für seine Wahrheit aufgestanden sind, selbst gegen den Widerstand der ganzen Welt, die jetzt noch unter der Macht des Bösen liegt. Nach dem Sündenfall konnte sich Satan damit brüsten, dass der Mensch selbst in einer vollkommenen Welt willentlich gegen Gott rebelliert hatte. Dadurch versuchte er, seine eigene Rebellion zu rechtfertigen. Aber jetzt wurden sogar seine eigenen Mächte und Gewalten Zeugen derer, die in einer äusserst unvollkommenen Welt lebten und Gott auch dann noch liebten, als die ganze Hölle gegen sie wütete, und die ihm selbst unter Einsatz ihres Lebens gehorchten. Die ganze Schöpfung wird Zeugnis geben, dass diese Menschen würdig sind.

Führen Sie also ein Leben, das Ihrer Berufung würdig ist. Glauben Sie Gott. Gehorchen Sie ihm. Tun Sie alles für das Evangelium, und lassen Sie sich durch die Liebe Jesu leiten. Er ist würdig, dass wir ihm gehorchen und ihm glauben.

Darum beten wir auch immer für euch, dass unser Gott euch eurer Berufung würdig mache und in seiner Macht allen Willen zum Guten und jedes Werk des Glaubens vollende.
So soll der Name Jesu, unseres Herrn, verherrlicht werden und ihr in ihm, durch die Gnade unseres Gottes und Herrn Jesus Christus. (2. Thessalonicher 1,11–12)
Ich bin überzeugt, dass die Leiden der gegenwärtigen Zeit nichts bedeuten im Vergleich zu der Herrlichkeit, die an uns offenbar werden soll.
Denn die ganze Schöpfung wartet sehnsüchtig auf das Offenbarwerden der Söhne Gottes.
Die Schöpfung ist der Vergänglichkeit unterworfen, nicht aus eigenem Willen, sondern durch den, der sie unterworfen hat; aber zugleich gab er ihr Hoffnung:
Auch die Schöpfung soll von der Sklaverei und Verlorenheit befreit werden zur Freiheit und Herrlichkeit der Kinder Gottes.
Denn wir wissen, dass die gesamte Schöpfung bis zum heutigen Tag seufzt und in Geburtswehen liegt.
Aber auch wir, obwohl wir als Erstlingsgabe den Heiligen Geist haben, seufzen in unserem Herzen und warten darauf, dass wir mit der Erlösung unseres Leibes als Söhne offenbar werden.
Denn wir sind gerettet, doch in der Hoffnung. Hoffnung aber, die man schon erfüllt sieht, ist keine Hoffnung. Wie kann man auf etwas hoffen, das man sieht?
Hoffen wir aber auf das, was wir nicht sehen, dann harren wir aus in Geduld. (Römer 8,18–25)

ZEITSCHRIFTEN

WEITERES AUS DEM SCHLEIFE-VERLAG

PROPHETISCHES BULLETIN

DAS PROPHETISCHE BULLETIN IST EINE ZENTRALE PUBLIKATION DER STIFTUNG SCHLEIFE. **ES HAT ZUM ZIEL, PROPHETISCHES REDEN UNSERER ZEIT AUFZUNEHMEN UND WEITERZUGEBEN, CHRISTEN ZU ERMUTIGEN UND ZU INSPIRIEREN, UND DAS HERANWACHSEN EINES PROPHETISCHEN VOLKES ZU FÖRDERN.** ES ERSCHEINT 3–4 MAL JÄHRLICH MIT BEITRÄGEN VON GERI UND LILO KELLER, DEM SCHLEIFE TEAM UND ANDEREN AUTOREN.

Nr.: 150.000

JAHRESABO

MORNINGSTAR JOURNAL

DAS MORNINGSTAR JOURNAL FINDET WELTWEIT ANERKENNUNG ALS EINE WEGWEISENDE PROPHETISCHE STIMME. ES ERSCHEINT VIERTELJÄHRLICH IN ENGLISCHER SPRACHE UND WIRD VON RICK JOYNER HERAUSGEGEBEN, UNTER MITARBEIT VON JACK DEERE, DUDLEY HALL UND FRANCIS FRANGIPANE U.A.

NR.: 250.000

JAHRESABO

Weiteres aus dem Schleife-Verlag

Eine prophetische Vision für das 21. Jahrhundert Rick Joyner

Dieses Buch von Rick Joyner ist eine Zukunftsvision und zeichnet ein prophetisches und strategisches Bild des neuen Jahrhunderts. Hier ergeht ein Ruf an die heutigen Christen, die vielleicht in der entscheidendsten aller Zeiten leben, sich zu erheben und ihre Bestimmung zu erfüllen. Es ist sowohl eine praktische Navigationshilfe für die Zukunft als auch eine Strategie dafür, die mächtigste Armee zu mobilisieren, die diese Welt je gesehen hat - die Armee Gottes.

Nr.: 120.010

Alle können prophetisch reden

Praktische Anweisungen zum prophetischen Dienen

Steve Thompson

Steve Thompson ist bekannt für seine weitreichende Erfahrung und seine solide biblische Lehre im Prophetischen. Er versteht es vor allem, theologische Einsichten mit praktischer Umsetzung zu verbinden. Dieses Buch ist eine grosse Ermutigung und Hilfe für alle, die im Prophetischen wachsen wollen – angefangen von den ersten Gehversuchen bis hin zum tieferen Verständnis.

Nr.: 120.009

Best Seller

Weiteres aus dem Schleife-Verlag

Der Ruf Rick Joyner

Dies ist die Fortsetzung von Rick Joyners Buch »Der letzte Aufbruch« und führt in einer weiteren Tiefe zu dem, was auf dem Herzen Gottes ist. **Dieses Buch hat entscheidende Spuren in den Herzen und im Denken von Christen rund um die Welt hinterlassen.** Es ist ein Aufruf, in der Herrlichkeit des Sohnes Gottes zu leben und alles hinzugeben für das Evangelium.

Nr.: 120.004

Der Letzte Aufbruch

Rick Joyner

Der Letzte Aufbruch schildert den letzten Kampf zwischen Licht und Finsternis. **Es ist eine breitangelegte Vision, die Rick Joyner bekommen hat; eine Vision über die gewaltigen, geistlichen Auseinandersetzungen, die auf uns zukommen.** Dieses Buch ist ein Aufruf zur Demut, Liebe und zu der Entschlossenheit, das Kreuz auf sich zu nehmen und die Festungen des Feindes niederzureissen.

Nr.: 120.001